キー	記号	呼び方	どんなときに使われるか
よく使う! ⑨	Shift + 9 よ	)	右カッコ、カッコ閉じ、カッコ、丸カッコ	⑧ に同じ
よく使う! ⑩	Shift + = ほ	=	イコール、等号	変数への代入、条件式での「等しい」 a = 1、a == b
⑪	Shift + ~ ^ へ	~	チルダ	ビット単位演算子 反転 本書では使わず
⑫	Shift + ￨ ¥ ー	￨	パイプ、縦棒、または	ビット単位演算子 論理和 本書では使わず
⑬	Shift + ` @ `	`	バッククオート	※使用しない
よく使う! ⑭	Shift + { [｢ ｡	{	左中括弧、中カッコ開く	辞書、集合の作成 {'name': 'taro'}、{1, 2, 3}
よく使う! ⑮	Shift + + ; れ	+	プラス、足す	足し算 1 + 1
よく使う! ⑯	Shift + * : け	*	アスタリスク	掛け算、指数 2 * 5、2 ** 2（2の2乗）
よく使う! ⑰	Shift + }] む	}	右中括弧、中カッコ閉じ	⑭ に同じ

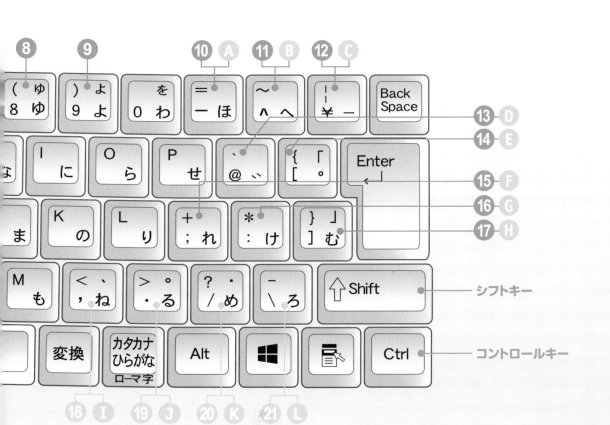

ステップ30

Python [基礎編]

ワークブック

はじめに

本書は Python の基礎を習得することが目的の書籍です。

また、すでに他の Python 入門書籍・サイト・ビデオなどで学習していて、それら学習内容の定着具合を確かめたい方にも活用いただける教材です。自身の習熟度合い・理解度を客観的に見ることは難しく、プログラムを書いたり読んだり、レビューをもらったり、それらを繰り返して自分に足りない部分を学んでいくのが一般的ですが、本書は演習問題が付属したワークブック形式となっており、習熟度・理解度の確認が容易になっています。

最近では機械学習が注目されたこともあり、Python 入門書籍で簡単な画像認識などを扱うことも多いのですが、本書では Python の基礎的な内容を中心に学びます。どのような分野に進んでも本書で学んだ内容が土台となるはずです。

■ 読者対象

プログラミングをはじめて学ぶ工業高校生を対象読者に想定しています。工業高校生に限らず、はじめてプログラミングを学ぼうとする大学生や社会人の皆さんにも役に立つと思います。

■ 本書の構成

本書では次の構成をとります。

- 要点として、記憶してほしい語彙や概念を示します。
- ワーク［基礎］として、簡単な問題を出題します。
- ワーク［応用］として、やや高度な問題を出題します。

ワークの中には、答えが複数出てくる問題もあります。学校などの多くの方が同時に学習する環境ならば、ぜひ皆さんに様々な解答を出していただき、他人の発想を学んだり、その解答が適切かを議論していただければと思います。

目次

Step 01 Python とは 7
    1.1 Python の歴史……7   1.2 Python の特徴……7

Step 02 四則演算 9
    2.1 Python での四則演算＋α……9   2.2 ZeroDivisionError……9
    2.3 演算の優先順位……10

Step 03 変数 12
    3.1 変数の使い方……12   3.2 変数名に使える名前……12
    3.3 変数の応用①……13   3.4 変数の応用②……14

Step 04 組み込み型 文字列① 16
    4.1 組み込み型とは……16   4.2 文字列を扱う……16
    4.3 組み込み関数……17

Step 05 組み込み型 文字列② 20
    5.1 文字列のメソッド……20   5.2 インデクシングとスライシング……21

Step 06 組み込み型 リスト① 24
    6.1 リストとは……24   6.2 リストのメソッドと、組み込み関数……25

Step 07 組み込み型 リスト② 28
    7.1 ミュータブル……28   7.2 ミュータブルな型の注意点……29

Step 08 組み込み型 タプル 31
    8.1 タプルとは……31   8.2 リストとの違い……31
    8.3 アンパック……32

Step 09 組み込み型 辞書 35
    9.1 辞書とは……35   9.2 辞書のメソッド……36

Step 10 組み込み型 集合 39
    10.1 集合とは……39   10.2 集合のメソッド……40

Step 11 組み込み型 まとめ 42
    11.1 bool 型……42   11.2 NoneType 型……42
    11.3 組み込み型まとめ……42

| Step 12 | 条件分岐 if 文① .... 44 |

        12.1 if 文の基本……44   12.2 インデント……45

| Step 13 | 条件分岐 if 文② .... 48 |

        13.1 比較演算……48   13.2 ブール演算……49
        13.3 暗黙の True、False……50

| Step 14 | 繰り返し for 文① .... 53 |

        14.1 for 文の基本……53   14.2 break と else……55

| Step 15 | 繰り返し for 文② .... 58 |

        15.1 指定回数の繰り返し……58   15.2 range オブジェクト……59
        15.3 enumerate と zip……60

| Step 16 | 繰り返し while 文 .... 64 |

        16.1 while 文とは……64

| Step 17 | 関数① .... 67 |

        17.1 関数とは……67   17.2 引数……68
        17.3 戻り値……70

| Step 18 | 関数② .... 72 |

        18.1 デフォルト引数……72   18.2 可変長位置引数……73
        18.3 可変長キーワード引数……74   18.4 キーワード専用引数……75

| Step 19 | 関数③ .... 77 |

        19.1 スコープ……77   19.2 ミュータブルな型の注意点 再び……79

| Step 20 | クラス① .... 82 |

        20.1 クラスとは……82   20.2 self……83

| Step 21 | クラス② .... 87 |

        21.1 継承とは……87   21.2 オーバーライド……88
        21.3 super で親のメソッドを呼ぶ……89

| Step 22 | クラス③ .... 92 |

        22.1 クラスの属性……92   22.2 インスタンス属性との区別……93

| Step 23 | モジュール .... 96 |

        23.1 モジュールとは……96   23.2 モジュールの直接実行……97

| Step 24 | パッケージ .... 100 |

        24.1 パッケージとは……100   24.2 __init__.py……101

| Step 25 | 入出力 .... 104 |

        25.1 ファイルの書き込み……104   25.2 ファイルの読み込み……105

25.3 他のモード……105　　25.4 エンコーディング……105

Step 26　例外 ... 109
26.1 例外を捕まえる……109　　26.2 finally と else……110

Step 27　ライブラリ ... 113
27.1 標準ライブラリとは……113　　27.2 サードパーティ製ライブラリ……114

Step 28　迷路アプリケーション① ... 116
28.1 迷路アプリケーションの概要……116　　28.2 プロトタイプを作る……117

Step 29　迷路アプリケーション② ... 122
29.1 移動処理を実装する……122　　29.2 座標のチェック処理……123

Step 30　迷路アプリケーション③ ... 128
30.1 クラスを使う……128

付録A　Pythonのインストール ... 133
A.1 Windows……133　　A.2 Mac……134

付録B　対話モードで実行する ... 135
B.1 対話モードに入る……135　　B.2 他のバージョンのPythonを使う……135
B.3 対話モードを試す……135

付録C　Pythonスクリプトの実行 ... 136
C.1 Pythonスクリプトの実行方法……136　　C.2 エディタ・IDEの紹介……136
C.3 IDLEの開き方と使い方……137

索引 ... 141

※ワークの解答は、以下のWebページからダウンロードできます。

http://www.cutt.jp/books/python_work_837/

Pythonとは

学習のはじめに、Pythonというプログラミング言語について説明します。Pythonとは何か？ Pythonの何がいいのか？ そのような質問をされても答えられるようにしましょう。

要点

1.1 Pythonの歴史

1989年の12月、オランダ人のグイド・ヴァンロッサム（Guido van Rossum）はクリスマス休暇の暇つぶしとしてプログラミング言語の開発を始めました。これがPythonです。その後1991年2月にalt.sourcesニュースグループ上でバージョン0.9.0が一般公開され、今ではバージョン3も後半です。

4大P言語（Perl, Python, PHP, Ruby）の中では2番目に古く、意外に感じるかもしれませんがJavaやC#よりも年上となります。1957年のFORTRAN（フォートラン）から始まるプログラミング言語の歴史から見ると90年前後というのは最近に感じますが、最近よく使われているメジャーな言語の中ではそれなりに古く、歴史のある言語といえます。

余談ですが、「Python」という名前の由来はイギリスのコメディ番組「空飛ぶモンティ・パイソン」から取っています。

1.2 Pythonの特徴

Pythonの特徴は多くありますが、代表的なものは可読性・生産性・汎用性の3つです。

■ 可読性

可読性とはプログラムの読みやすさのことです。Pythonは「実行可能な疑似コード」と表現されるほど、自然言語に近い言語です。他言語では何かと出てくる丸括弧などの記号も少なくなるように設計されています。コードが読みやすいとそれだけ学びやすく、覚えやすく、上達が早くなりますし、他人との共同作業もはかどります。

■ 生産性

ある時間内や行数で、どれだけのプログラムや処理が作れるかを生産性といいます。Pythonはスクリプト言語と呼ばれるグループの仲間です。スクリプト言語の多くはプログラムの実行が簡単で、少ないコードでたくさんのことができます。CやJavaといった言語に比べるとコードの量が半分以下になることも珍しくありません。

■ 汎用性

Pythonは幅広い用途に使える言語なため、汎用的な言語といわれます。Webアプリケーショ

ンや科学分野をはじめ、多くの分野で実際に利用されています。汎用目的に作られた言語は数多くありますが、ある分野での開発が現実的ではない言語もあります。例えば、Webが主戦場のPHPでスマホアプリの開発は（少なくとも今は）現実的ではないでしょう。Pythonにも不得意なこと、または他言語の方が得意な分野はもちろんあるのですが、総合的にはとても汎用的な言語です。

プログラミング言語に最も必要なものは、コミュニティです。どんなに素晴らしい言語であっても、利用者が少なければ今後の発展は見込めず、情報の取得に苦労するでしょう。Pythonはどうでしょうか？　ご安心ください、とてもホットな言語です。ある言語がどれだけ人気があるかの指標として、以下の3サイトはよく参考にされます。どのサイトでもPythonは高い位置に存在することが分かります。

> http://pypl.github.io/PYPL.html
> https://www.tiobe.com/tiobe-index/
> https://spectrum.ieee.org/static/interactive-the-top-programming-languages-2017

ワーク

基礎

次のうち、Pythonの説明として正しいものを1つ選びましょう。分からない語句は、Google検索を活用しても構いません。

1. Pythonは生産性が低く、読みづらい言語だ。
2. Pythonはオブジェクト指向をサポートしていない。
3. Pythonは可読性、生産性、汎用性に優れた静的言語だ。
4. Pythonは可読性、生産性、汎用性に優れたスクリプト言語だ。

Step 02 四則演算

Pythonに付属している対話モードはちょっとした電卓にも使えます。対話モードで四則演算 + α を試してみましょう。安物の電卓より、Pythonでの数値計算のほうが便利です。Pythonのインストールは付録Aを、対話モードの使い方は付録Bを見ましょう。

要点

2.1 Pythonでの四則演算 + α

足し算、引き算、掛け算、割り算のことを四則演算といいます（すでに知ってますよね？）。Pythonでは四則演算はもちろん、他にも様々な計算ができます。実行結果2.1.1で確認しましょう。

実行結果2.1.1 対話モードでの実行例

```
>>> 1 + 2
3
>>> 3 - 2
1
>>> 5 * 2
10
>>> 5 ** 2
25
>>> 4 / 2
2.0
>>> 4 // 2
2
>>> 10 % 3
1
```

掛け算が×ではなく＊（アスタリスク）に、割り算が÷ではなく／（スラッシュ）になります。／による割り算は小数点が表示されますが、小数点部分を切り捨てたいならば／／とします。＊＊で指数の計算ができ、％（パーセント）記号で剰余（割った余り）を求めることもできます。

2.2 ZeroDivisionError

数学では、0で割ることは許されない行為です。Pythonでは0で割ったときに実行結果2.2.1のように表示されます。

実行結果 2.2.1

```
>>> 1 / 0
Traceback (most recent call last):
  File "<stdin>", line 1, in <module>
ZeroDivisionError: division by zero
```

これは例外と呼ばれるもので、Python で実行中に検出されたエラーのことです。この例外を扱う方法は後に説明しますが、今はエラーがこのように表示されることを覚えてください。

2.3 演算の優先順位

演算には優先順位があり、それは数学での優先順位と同じです。

実行結果 2.3.1

```
>>> 10 + 20 - 10 / 5 * 100 ** 0
28.0
```

実行結果 2.3.1 では、まず 100**0 の指数が計算され、掛け算・割り算の後に足し算・引き算が計算されます。通常の数学における優先順位と同じです。

実行結果 2.3.2

```
>>> 10 + (20 - 10) / 5 * 100 ** 0
12.0
```

実行結果 2.4.1 を見てください。丸括弧をつけてみました。丸括弧内の演算が優先されるのも同様です。

― ワーク ―

基礎①

次のうち、ZeroDivisionError となるものを 1 つ選びましょう。

1. ```
   >>> 5 - 0
   ```
2. ```
   >>> 5 * 0
   ```
3. ```
   >>> 5 / 0
   ```
4. ```
   >>> 6 ** 0
   ```

基礎②

「+」「-」「*」「/」記号を1つずつ使い、括弧の中を埋めましょう。

```
>>> 10 (   ) 5
15
>>> -10 (   ) 10
-20
>>> 10 (   ) 3 (   ) 5
6.0
```

応用

「%」「//」「**」記号を1つずつ使い、括弧の中を埋めましょう。

```
>>> 10 (   ) 3
3
>>> 10 (   ) 3
1
>>> 5 (   ) 2
25
```

変数

変数を使うことで、計算結果や各種データを保存することができます。Pythonに限らずプログラミングにおいては重要な概念となるので、しっかり覚えましょう。

― 要点 ―

3.1 変数の使い方

実行結果 3.1.1 は、price という変数に整数の 100 を保存し、その変数を使うサンプルコードです。

実行結果 3.1.1

```
>>> price = 100
>>> price
100
>>> price + 10
110
```

変数は、計算結果やデータを保存するのに使われます。price = 100 のように左辺に名前を、右辺に値や式を書きます。これを「変数 price に 100 を代入する」と表現します。代入が終われば、次からは price という名前で自動的に 100 の値が使われます。2 行目の price は 100 と表示され、4 行目の「price + 10」は「100 + 10」となり 110 と表示されます。= は数学では等しいという意味ですが、Python では代入を意味する記号ですので注意してください。また、他の言語でよくある変数名だけを宣言する機能はありません。

3.2 変数名に使える名前

変数名は自由につけることができますが、いくつかのルールがあります。

- 変数名の先頭には _ (アンダースコア)、もしくはアルファベットしか使えない
- 変数名の 2 番目以降には、数字、アルファベット、アンダースコアが使える
- 予約語は使えない

予約語とは、Python プログラムの構文として使われているキーワードです。予約語を確認するには、実行結果 3.2.1 のように入力してください。

実行結果 3.2.1

```
>>> import keyword
>>> keyword.kwlist
['False', 'None', 'True', 'and', 'as', 'assert', 'break', 'class', 'continue',
 'def', 'del', 'elif', 'else', 'except', 'finally', 'for', 'from', 'global', '
if', 'import', 'in', 'is', 'lambda', 'nonlocal', 'not', 'or', 'pass', 'raise',
 'return', 'try', 'while', 'with', 'yield']
```

　実行結果 3.2.1 では、keyword というモジュールをインポートし、keyword の kwlist という属性にアクセスしました。今はこのようなこともできる、と思っておいてください。False, None, True, ... といった単語が Python の予約語です。Python は他言語と比べると予約語も少なく、プログラミングをしていると自然と覚えます。

3.3　変数の応用①

　実行結果 3.3.1 は、price という変数に再代入した例です。再代入すると、前に入っていた値は消えます。

実行結果 3.3.1

```
>>> price = 10
>>> price
10
>>> price = 20
>>> price
20
```

　実行結果 3.3.2 は、変数に変数を代入する例です。price_a に 10 を代入し、price_b に price_a を代入します。結果的に、どちらも 10 となります。

実行結果 3.3.2

```
>>> price_a = 10
>>> price_b = price_a
>>> price_b
10
>>> price_a
10
```

　その後 price_a に別の値を代入しても price_b に影響しません。Python における代入とは、右辺が指す値（今回であれば 10 や 20 などの数値）と、左辺にある変数名を紐付けるだけです。

実行結果 3.3.3

```
>>> price_a = 20
>>> price_b
10
```

3.4　変数の応用②

プログラミング初心者がつまづきがちな概念として、実行結果 3.4.1 のような代入があります。

実行結果 3.4.1

```
>>> price = 10
>>> price = price + 1
>>> price
11
```

＝記号が等しいではなく代入を意味することと、代入では右辺が先に評価されことを覚えておきましょう。したがって、実行結果 3.4.1 は実行結果 3.4.2 のように評価されます。

実行結果 3.4.2

```
>>> price = 10
>>> price = 10 + 1
```

price = price + 1のような式はよく出てくるため、短縮した演算子があります。表3.4.1 で確認しましょう。

表 3.4.1　短縮した演算子

短縮した演算子	内容
price += 1	price = price + 1
price -= 1	price = price - 1
price *= 1	price = price * 1
price **= 1	price = price ** 1
price /= 1	price = price / 1
price //= 1	price = price // 1
price %= 1	price = price % 1

ワーク

基礎①

次のうち、変数名として利用できないものを 1 つ選びましょう。

1. `my_name`
2. `_name`
3. `__name`
4. `__init__`
5. `name2`
6. `False`

基礎②

前後の処理を見ながら、括弧の中に入る数値を考えましょう。

```
>>> price_a = 10
>>> price_b = (  )
>>> price_c = price_a + price_b
>>> price_c
15
```

応用

前後の処理を見ながら、括弧の中に入る記号を考えましょう。

実行結果 3.4.1 と表 3.4.1 が参考になります。

```
>>> price_a = 10
>>> price_b = 5
>>> price_a (  ) price_b
>>> price_a
15
```

組み込み型 文字列①

数値と並んで、文字列は非常によく使うことになります。最も基本となる型といっても過言ではありません。しっかり学んでいきましょう。

要点

4.1　組み込み型とは

　文字列に入る前に、型という概念を説明します。型とはデータの種類を表すものです。今まで対話モードで整数や浮動小数点数といった数を扱いましたが、これらも型の1つで、整数は int、浮動小数点数は float という型です。文字列ならば str（テキストシーケンス）型になります[1]。言語によっては型を明示的に宣言する必要がありますが、Python においては必要ありません。1 ならば int 型だと判断されますし、'hello' ならば str 型だと Python が賢く判断してくれます。型が同じものはすべて同様に扱うことができ、型によってできることは決まっています。整数や浮動小数点数であれば、どんな数であろうと他の数と足したり、引いたりといった演算ができますし、これから学ぶ文字列という型であれば、文字列の一部を置換したり、文字の先頭を大文字にする、といった機能があります。型を自分で作ることもできますが、数値や浮動小数点数、文字列のように、Python に標準で組み込まれた型も多くあります。それが組み込み型です。

4.2　文字列を扱う

　ある文字列を変数に代入するには、実行結果 4.2.1 のようにします。

実行結果 4.2.1

```
>>> name = '太郎'
>>> name
'太郎'
```

　文字列をシングルクォーテーションか、またはダブルクォーテーションで囲みます。どちらを使っても構いません、好みの問題です。文字列の中にシングルクォーテーションやダブルクォーテーションを含めたい場合は、実行結果 4.2.2 のようにします。

実行結果 4.2.2

```
>>> text = 'こんにちは、"世界"'
>>> text
```

---

[1]　int は「イント」、float は「フロート」、str は「ストラ、ストリング」などと発音するのが一般的です

```
'こんにちは、"世界"'
>>> text = "こんにちは、'世界'"
"こんにちは、'世界'"
```

プログラミングの世界では、空文字という不思議な文字列が登場します。これは白紙のノートのようなもので、後から文字を追加したい場合に使います。

実行結果 4.2.3

```
>>> text = ''
>>> text += 'Hello'
>>> text += 'World'
>>> text
'HelloWorld'
```

見てお分かりのように、文字列は + 演算子でつなげることができます。さらに * 演算子を使うと、文字を繰り返すことができます。*1 では元の文字列に、*0 では空文字列となります。*0 を使うことは滅多にありませんが、巧妙なプログラムではまれに見かけますので覚えておきましょう。

実行結果 4.2.4

```
>>> text = 'Hello'
>>> text * 3
'HelloHelloHello'
>>> text * 1
'Hello'
>>> text * 0
''
```

4.3 組み込み関数

" 文字列 " のようにして文字列を作成してきましたが、数値から文字列に変換することもできます。実行結果 4.3.1 は、整数を文字列に変換しています。

実行結果 4.3.1

```
>>> 10
10
>>> str(10)
'10'
```

実行結果 4.3.1 の 1 〜 2 行目は、あくまで整数の 10 です。しかし、3 行目で str(10) とすると、

4行目で '10' と表示されました。対話モードでは、結果が文字列だった場合にシングルクォーテーションで囲まれて文字列が表示されます。つまり、str(10) の結果は文字列の 10 です。組み込み関数というのは、Python に標準で組み込まれている便利な関数のことで、str 関数はその 1 つです。他にも文字列や浮動小数点数から整数へ変換する int 関数や、浮動小数点数に変換する float 関数といったものもあります（実行結果 4.3.2）。int 関数は小数点を切り捨てるのに利用することも多いです。

実行結果 4.3.2

```
>>> float('10.0')
10.0
>>> int('10')
10
>>> int(3.1415)
3
```

実行結果 4.3.3

```
>>> len('太郎')
2
>>> len('Hello World')
11
>>> len('')
0
```

実行結果 4.3.3 にある len 関数は、長さを返す関数です。半角スペースもカウントされることに注意してください。また、空文字列を渡すと 0 となります。文字列を渡した場合は文字列の長さを返しますが、他にも様々な型のデータを受け取ります。丸括弧の中に渡すデータのことを「引数」と呼び、引数として対応していない型もあります。例えば、len に整数を引数として渡すと、実行結果 4.3.4 のようなエラーとなります。

実行結果 4.3.4

```
>>> len(1)
Traceback (most recent call last):
  File "<stdin>", line 1, in <module>
TypeError: object of type 'int' has no len()
```

len 関数は他にも、リスト、タプル、辞書、集合（これらは後のステップで説明します）などに使えます。おおざっぱに、データが集まったものならば len 関数が使えると思ってください。

ワーク

基礎

実行結果 4.2.3 を参考に、5 行目に表示される内容を考えましょう。

```
>>> name = ''
>>> name += '佐藤'
>>> name += '太郎'
>>> name
(    )
```

応用

「4.3 組み込み関数」を参考に、括弧の中に入る数値、文字列を考えましょう。

```
>>> int(1.1421356)
(    )
>>> str(100)
(    )
>>> len('こんにちは')
(    )
```

Step 05 組み込み型 文字列②

文字列を操れるようになると、できることがグッと増え、プログラミングが楽しくなるはずです。Pythonでは文字列をうまく簡単に操る機能がたくさんあり、このステップではそれを説明していきます。

要点

5.1 文字列のメソッド

型には属性と呼ばれるものがあります。その属性には、実行結果 5.1.1 のように「. 属性名」でアクセスすることができます。属性の中には、丸括弧をつけて呼び出せるものがあり、これをメソッドと呼びます。組み込み関数と似てますが、メソッドはある特定の型で使える関数と考えましょう。メソッドは何らかの操作をします。実行結果 5.1.1 ならば title メソッドは先頭の文字を大文字にし、upper メソッドはすべての文字を大文字にしています。

実行結果 5.1.1

```
>>> name = 'taro'
>>> name.title()
'Taro'
>>> name.upper()
'TARO'
```

表 5.1.1 には、文字列でよく使うメソッドを載せています。特に format メソッドは本書で頻繁に利用していきますので、目を通してください。

表 5.1.1　文字列でよく使うメソッド

メソッド名	概要	例
format	文字列の書式化操作を行う	`'{}さん、{}'.format('taro', 'こんにちは')` ⇒ `'taroさん、こんにちは'`
		`'{0}、{1} {0}'.format('Hello', 'taro')` ⇒ `'Hello、taro Hello'`
		`'{name}さん！'.format(name='taro')` ⇒ `'taroさん！'`
replace	文字列の一部を置換する	`'Hello World'.replace('Hello', 'Hi')` ⇒ `'Hi World'`
count	単語の出現回数を返す	`'Hello World'.count('l')` ⇒ `3`
index	単語の位置を返す。単語がなければエラー	`'Hello World'.index('Hello')` ⇒ `0`
find	単語の位置を返す。単語がなければ -1 を返す	`'Hello World'.find('World')` ⇒ `6`

メソッド名	概要	例
strip	先頭および末尾の空白を除去する	`'   Hello World   '.strip()` ⇒ `'Hello World'`
startswith	その単語で始まっていればTrue、そうでなければFalse	`'Hello World'.startswith('Hello')` ⇒ `True`[※1]
endswith	その単語で終わっていればTrue、そうでなければFalse	`'Hello World'.endswith('World')` ⇒ `True`[※1]
split	文字列をリスト[※2]に分割する	`'taro,18,male,170,65'.split(',')` ⇒ `['taro', '18', 'male', '170', '65']`
join	リストを結合して文字列にする。splitの逆	`','.join(['taro', '18', 'male', '170', '65'])` ⇒ `'taro,18,male,170,65'`

※1　True, False については「Step 11　組み込み型 まとめ」参照。
※2　リストについては「Step 06/07　組み込み型 リスト」参照。

5.2　インデクシングとスライシング

「シーケンス型」というグループがあります。順番にデータが格納されているものはシーケンス型に属しており、リストやタプル、そして文字列もシーケンス型です。シーケンス型のデータに共通して行える操作があります。

実行結果 5.2.1

```
>>> text = '今日は良い天気です'
>>> text[0]
'今'
>>> text[1]
'日'
>>> text[-1]
'す'
>>> text[-2]
'で'
>>> text[100]
Traceback (most recent call last):
  File "<stdin>", line 1, in <module>
IndexError: string index out of range
```

実行結果 5.2.1 はインデクシングの例です。[index] と指定することで、その位置にあるデータを取得することができます。プログラミングの世界では、データの先頭を 0 から数えることが一般的ですので早く慣れましょう。0 番目は「今」、1 番目は「日」、… と続いてきます。−1とすることで一番後ろの位置にアクセスでき、そこから −2、−3、… と逆向きにアクセスすることもできます。[100] のように範囲外を指定するとエラーとなります。位置と文字の対応を表 5.2.1 に示します。

表 5.2.1 位置と文字の対応

先頭から	0	1	2	3	4	5	6	7	8
テキスト	今	日	は	良	い	天	気	で	す
末尾から	−9	−8	−7	−6	−5	−4	−3	−2	−1

実行結果 5.2.3

```
>>> text[1:4]
'日は良'
>>> text[1:8]
'日は良い天気で'
>>> text[5:]
'天気です'
>>> text[-3:]
'気です'
>>> text[:5]
'今日は良い'
>>> text[:7]
'今日は良い天気'
>>> text[:-2]
'今日は良い天気'
>>> text[:100]
'今日は良い天気です'
```

　実行結果 5.2.3 はスライシングの例です。[start:end] とすることで、start 番目から end 番目 −1 まで文字列を取り出します。end は含まれないということに注意してください。スライシングに関しては、範囲外の位置を指定してもエラーになりません。ある分だけ取り出されます。また、[0:5] と書きたい場合は [:5]、[3:9] と書きたい場合は [3:] と省略することが可能です。

実行結果 5.2.4

```
>>> text[1:5:2]
'日良'
>>> text[::2]
'今はい気す'
>>> text[::-1]
'すで気天い良は日今'
```

　スライシングでは [start:end:step] という指定も可能です。[::2] を指定すると、元の文字列から 1 文字飛ばしで取得されます。[::-1] を指定すると逆側から文字が取得されますが、シーケンス型でデータを逆にする際によく使いますので覚えておいてください。

ワーク

基礎①

表 5.1.1 を参考にして、次のうち「こんにちは、佐藤さん」と表示されないものを 1 つ選びましょう。

1. ```
>>> 'こんにちは、{}さん'.format('佐藤')
```

2. ```
>>> 'こんにちは、{0}さん'.format('佐藤')
```

3. ```
>>> 'こんにちは、{name}さん'.format(name='佐藤')
```

4. ```
>>> 'こんにちは、{0}さん'.replace('佐藤')
```

基礎②

実行結果 5.2.1 を参考にして、括弧の中に入る文字を考えましょう。

```
>>> text = 'Python'
>>> text[0]
(    )
>>> text[5]
(    )
>>> text[-1]
(    )
```

応用

実行結果 5.2.4 を参考にして、次のうち「' 日雨降 '」と表示されるものを 1 つ選びましょう。

1. ```
>>> '明日は雨が降ります。'[1:3:2]
```

2. ```
>>> '明日は雨が降ります。'[1:6:2]
```

3. ```
>>> '明日は雨が降ります。'[:8:2]
```

4. ```
>>> '明日は雨が降ります。'[:6:2]
```

組み込み型 リスト①

これから学んでいく組み込み型は、複数の文字列や数値を保持することができます。数値や文字列を原子と考えるならば、リスト、タプル、辞書、集合は分子と考えることができます。リストは特に出現頻度の多い型なので、早く扱えるようになりましょう。

要点

6.1 リストとは

リストは、任意のデータを順番に格納することができます。リストの作成は非常に簡単で、実行結果 6.1.1 のようにします。

実行結果 6.1.1

```
>>> my_list = ['hello', 10, True, False, None]
>>> empty_list = []
>>> str_list = list('hello')
>>> str_list
['h', 'e', 'l', 'l', 'o']
```

[ ] の中に , （カンマ）区切りで格納したいデータを書いていきます。文字列や数値、さらにはリストの中にリストを入れたりと、どんな型でも好きなだけ格納できます。空のリストを作成する場合は角括弧の中を空にします。

組み込み関数 list に文字列を渡すと、1 文字ずつのリストが作成されます。list 関数の引数には文字列のほかにも様々な型を渡すことができ、利用頻度の高い関数です。

リストはシーケンス型でもあるので、インデクシングやスライス操作も可能です。[::-1] によるリストの反転はよく使うので、イディオムとして覚えてください。

実行結果 6.1.2

```
>>> foods = ['カレー', 'チャーハン', '寿司', 'ツナ缶']
>>> foods[0]
'カレー'
>>> foods[-1]
'ツナ缶'
>>> foods[1:]
['チャーハン', '寿司', 'ツナ缶']
>>> foods[::-1]
['ツナ缶', '寿司', 'チャーハン', 'カレー']
```

リストに追加したい場合は append メソッドを使うと末尾に追加されます。削除する場合は pop メソッドを使いますが、引数に何も指定しないと末尾から削除され、削除の際その位置にあったデータを返してくれます。必要ならば、deleted = foods.pop() のように削除した値を取得できます。pop(1) のように位置を指定することもできますし、remove による値での削除や、汎用的な削除構文の del 文を使うこともできます。

実行結果 6.1.3

```
>>> foods.append('シチュー')
>>> foods
['カレー', 'チャーハン', '寿司', 'ツナ缶', 'シチュー']
>>> foods.pop()
'シチュー'
>>> foods
['カレー', 'チャーハン', '寿司', 'ツナ缶']
>>> foods.pop(0)
'カレー'
>>> foods
['チャーハン', '寿司', 'ツナ缶']
>>> foods.remove('寿司')
>>> foods
['チャーハン', 'ツナ缶']
>>> del foods[0]
>>> foods
['ツナ缶']
```

6.2 リストのメソッドと、組み込み関数

リストの便利なメソッドを表 6.2.1 に載せます。append もそうでしたが、リストは結果を返さずにリストそのものを変更する処理が多いです。そのような処理には、メソッド名の後に <inplace> としています。

表 6.2.1 リストの便利なメソッド

メソッド名	概要	例
append<inplace>	リストの末尾に追加する	my_list.append(10)
clear<inplace>	リストを空にする	my_list.clear()
copy	リストのコピーを返す	[1, 2, 3].copy() ⇒ [1, 2, 3]
count	リスト内に何個あるかを返す	[1, 1, 2, 1, 2, 3].count(1) ⇒ 3
extend<inplace>	リストに別のリストを追加する	my_list.extend([4, 5, 6])
index	要素が見つかったリスト内の位置を返す	['チャーハン', '寿司', 'カレー'].index('寿司') ⇒ 1
insert<inplace>	リストの指定した位置に追加する	my_list.insert(0, '追加データ')

メソッド名	概要	例
pop\<inplace\>	リスト内の要素を削除する。引数なしは -1 と同義	my_list.pop() ⇒ 10
remove\<inplace\>	リスト内の要素を削除する。pop と違い、値を指定する	my_list.remove('削除したい値')
sort\<inplace\>	リストを並び替える。reverse=True とすると結果を逆にする	my_list.sort(reverse=True)

リストを渡せる、使用頻度の高い組み込み関数もいくつか紹介します。表 6.2.2 です。

表 6.2.2　使用頻度の高い組み込み関数

関数名	概要	例
len	長さを返す	len([1, 2, 3, 4, 5]) ⇒ 5
max	最大の要素を返す	max([1, 2, 3, 4, 5]) ⇒ 5
min	最小の要素を返す	min([1, 2, 3, 4, 5]) ⇒ 1
sum	合計を返す	sum([1, 2, 3, 4, 5]) ⇒ 15
sorted	メソッドの sort と違い、ソートしたリストを返す	sorted([5, 3, 1, 2, 4]) ⇒ [1, 2, 3, 4, 5]

ワーク

基礎①

リスト 6.1.2 を参考に、括弧の中に入るリスト、または文字列を考えましょう。

```
>>> foods = ['米', 'パン', 'パスタ']
>>> foods[-1]
(    )
>>> foods[1]
(    )
>>> foods[1:]
(    )
>>> foods[::-1]
(    )
```

基本②

実行結果 6.1.3 を参考に、括弧の中に入るリスト、または文字列を考えましょう。

```
>>> languages = []
>>> languages.append('Python')
>>> languages.append('Ruby')
>>> languages
(    )
>>> languages.pop()
(    )
>>> languages.remove('Python')
>>> languages
(    )
```

応用

ではじまるヒントを見ながら、それぞれの numbers の結果を考えましょう。

```
>>> numbers = [6, 3, 5, 4, 1, 2]
>>> numbers.sort()    # 小さいものから並びます。
>>> numbers
(    )
>>> numbers.sort(reverse=True)    # 大きいものから並びます。
>>> numbers
(    )
```

組み込み型 リスト②

リストの基本的な操作を説明しました。リストは初めての「ミュータブル」な型です。少しクセのある動作をするので、早く慣れましょう。

要点

7.1 ミュータブル

ミュータブルとは、「変更可能」といった意味です。変更可能が何を指すのかを、サンプルコードを交えながら説明していきます。

実行結果 7.3.1

```
>>> numbers = [1, 2, 3, 4, 5]
>>> numbers[0] = 100
>>> numbers
[100, 2, 3, 4, 5]
```

実行結果7.3.1では、変数numbers内の要素を変更しています。numbers[0] = 100として、0番目を整数100に変更しました。リストでは今回のように途中の要素を変更することができます。文字列でも同様にできるのでは？ と思うかもしれませんが、文字列で同じことをしようとするとエラーになります（実行結果7.3.2）。

実行結果 7.3.2

```
>>> text = 'hello'
>>> text[0] = 'H'
Traceback (most recent call last):
  File "<stdin>", line 1, in <module>
TypeError: 'str' object does not support item assignment
```

型には内部データの変更を許しているものと、許していないものがあります。リストのように内部データの変更ができる型をミュータブル（変更可能）と呼び、文字列のように変更を許可していない型をイミュータブル（変更不可）と呼びます。辞書やセット、自作のクラスはミュータブルで、数値や文字列、タプルはイミュータブルです。

文字列のメソッドを紹介した際、ほとんどのメソッドが文字列を返したのを覚えていますか。これは文字列型がイミュータブルなため、自身を変更できず、新しい文字列を生成して返すしかない、というのが理由です。対してリストは自分自身を変更することができるため、appendなどのメソッドは新しいリストを返しませんでした。

7.2 ミュータブルな型の注意点

ミュータブルな型を利用するうえで、注意すべき挙動があります。

実行結果 7.4.1

```
>>> numbers1 = [6, 3, 5, 4, 1, 2]
>>> numbers2 = numbers1
>>> numbers2.sort()
>>> numbers2
[1, 2, 3, 4, 5, 6]
>>> numbers1
[1, 2, 3, 4, 5, 6]
```

実行結果 7.4.1 では奇妙なことがおきています。ソートしたのは numbers2 だけですが、numbers1 も結果がソートされていることがお分かりでしょうか。これがミュータブルなオブジェクトの注意点です。リストなどのミュータブルなデータを複数の変数に代入し、どこかで sort や append などのリスト自体を変更する操作をすると、他のすべての変数に影響が出ます。リストのコピーを作りたいケースはよくあるのですが、実行結果 7.4.1 のような別名変数への代入はしないようにしましょう。その代わり、実行結果 7.4.2 のように copy メソッドが使えます。

実行結果 7.4.2

```
>>> numbers1 = [6, 3, 5, 4, 1, 2]
>>> numbers2 = numbers1.copy()
>>> numbers2.sort()
>>> numbers2
[1, 2, 3, 4, 5, 6]
>>> numbers1
[6, 3, 5, 4, 1, 2]
```

「注意点」と表現しましたが、これはある場所で変更すれば、その他の場所で変更する必要はないという意味にもなります。この挙動を理解すれば、たいへん便利に扱うことが可能です。

ワーク

基礎①

実行結果 7.3.1 を参考に、names が ['taro', 'siro', 'saburo'] となるように括弧の中を埋めましょう。

```
>>> names = ['taro', 'jiro', 'saburo']
>>> (    )
>>> names
['taro', 'siro', 'saburo']
```

基礎②

で始まるヒントと実行結果 7.4.1 を参考にしながら、5 行目に表示される内容を考えましょう。

```
>>> names1 = ['taro', 'jiro', 'saburo']
>>> names2 = names1
>>> names1.clear()    # リストの中を空([])にします
>>> names2
(    )
```

応用

で始まるヒントと実行結果 7.4.2 を参考にしながら、5 行目に表示される内容を考えましょう。

```
>>> names1 = ['taro', 'jiro', 'saburo']
>>> names2 = names1.copy()    # リストのコピーを作成します
>>> names1.clear()    # リストの中を空([])にします
>>> names2
(    )
```

組み込み型 タプル

発音の仕方は、グイドのツイート曰く「月水金にトゥープル、火木土にはタプルと発音している。日曜にそんな話しはしない」だそうです。このような話はよくあります。

要点

8.1 タプルとは

実行結果 8.1.1

```
>>> my_tuple = ('hello', 10, True, False, None)
>>> my_tuple[0]
'hello'
>>> my_tuple[:3]
('hello', 10, True)
>>> empty_tuple = ()
>>> one_tuple = ('hello',)
>>> type(one_tuple)
<class 'tuple'>
>>> one_tuple2 = ('hello')
>>> type(one_tuple2)
<class 'str'>
```

タプルはシーケンス型で、リストによく似ています。データを順番に保持し、各要素にアクセスすることができます。タプルを作るには、リストの角括弧を丸括弧に変えるだけです。空タプルを作る場合は丸括弧の中を空にして定義します。少しややこしいのは 1 要素のタプルを作る場合です。最後にカンマが必要で、このカンマがなければ文字列として認識されてしまいます。注意してください。

ちなみにですが、type はデータの型を返す組み込み関数で、今回のように型の確認の際に有効です。

8.2 リストとの違い

実行結果 8.2.1

```
>>> my_tuple = ('hello', 10, True, False, None)
>>> my_tuple[0] = 'Hello'
Traceback (most recent call last):
  File "<stdin>", line 1, in <module>
TypeError: 'tuple' object does not support item assignment
```

```
>>> my_tuple.append(100)
Traceback (most recent call last):
  File "<stdin>", line 1, in <module>
AttributeError: 'tuple' object has no attribute 'append'
```

リストとの違いは、タプルがイミュータブルな点です。タプルは自身を変更する操作を許しておらず、append や pop はもちろんですが、[0] = 'Hello' のような位置への代入もできません。タプルがよく使われるのは、動的にデータを追加・削除する必要のない連続したデータです。例えば様々な Web サイトへ自動的にアクセスし、Web サイトの更新情報を自動的に取得するプログラムを書いていたとしましょう。訪れる Web サイトがすでに決まっていて特に追加する必要がないならば、(url1, url2, url3) のようにタプルで定義するのがスマートです。タプルにすることで、これは変更されないデータということがパッと分かり、誤って書き換えることもありません。パフォーマンス面も基本的にリストより上です。また、タプルであれば辞書という型のキーにすることもできます。

8.3 アンパック

実行結果 8.3.1

```
>>> my_tuple = 'hello', 10, True, False, None
>>> my_tuple[0]
'hello'
```

実をいうと、タプルを定義する場合は丸括弧は必要がありません（実行結果 8.3.1）
つけるかつけないかはお好みで、どちらの書き方もよく見ます。これが分かれば、実行結果 8.3.2 のような割とよく見るコードも分かりやすくなります。

実行結果 8.3.2

```
>>> a, b = 1, 2
>>> a
1
>>> b
2
```

1 行目の右辺「1, 2」は、2 要素のタプルになります。左辺に複数の変数を置き、右辺に変数の数に対応したデータ、今回であれば 2 要素のタプルや、リストなども渡せるのですが、そうした場合は左辺の各変数に代入されます。ぜひ覚えてほしいのは実行結果 8.3.3 の書き方です。一時変数を使わずに、それぞれの変数の値を一瞬で交換する方法としてよく利用されます。今回のような代入をアンパック代入と呼びます。

実行結果 8.3.3

```
>>> a, b = 1, 2
>>> a, b = b, a
>>> a
2
>>> b
1
```

ワーク

基礎

次のうち、タプルの説明として正しいものを1つ選びましょう。

1. タプルはミュータブルで、シーケンス型である
2. タプルはミュータブルで、シーケンス型ではない
3. タプルはイミュータブルで、シーケンス型である
4. タプルはイミュータブルで、シーケンス型ではない

応用①

次のうちエラーとならないものを1つ選びましょう。
「8.2　リストとの違い」が参考になります。

1.
```
>>> numbers = 10, 5, 4, 1, 3
>>> numbers.append(100)
```

2.
```
>>> numbers = (10, 5, 4, 1, 3)
>>> numbers.pop()
```

3.
```
>>> numbers = 10, 5, 4, 1, 3
>>> numbers[4] = 100
```

4.
```
>>> numbers = (10, 5, 4, 1, 3)
>>> numbers[4]
```

応用②

「8.3 アンパック」を参考に、それぞれのa，b，c，d，eの結果を考えましょう。

```
>>> numbers = 10, 5, 4, 1, 3
>>> a, b, c, d, e = numbers
>>> a, b, c, d, e
(    )
>>> a, b, c, d, e = b, c, d, e, a
>>> a, b, c, d, e
(    )
```

Step 09 組み込み型 辞書

辞書は、他言語では「連想配列」「ハッシュ」「ハッシュマップ」と呼ばれることもあります。本書内で分子と表現した型の中では、リストと並んでよく使うことになるでしょう。

要点

9.1 辞書とは

リストでは、位置に対して値が紐付いていました。対して、辞書では名前に対して値が紐付きます。実行結果 9.1.1 を見てください。

実行結果 9.1.1

```
>>> report = {'math': 80, 'science': 100}
>>> report
{'math': 80, 'science': 100}
>>> report['math']
80
>>> report['science']
100
>>> empty_dict = {}
```

辞書は、波括弧の中に ' キーとなる名前 ': ' 値 ' の形式で定義します。値はどんな型でもいいのですが、キーとなる名前はイミュータブルなオブジェクト[※2]でなければなりません。今回の 'math' のように文字列が一番使われますが、数値やタプルを使うこともあります。辞書から値を取り出すには ['math'] のようにキーを指定し、空の辞書は波括弧の中を空にして定義します。実行結果 9.1.2 のように組み込み関数の dict を使って他の型、2 要素のリストを持つリストや 2 文字ずつの文字列が入ったリストを辞書型に変換することもできますが、使用頻度はそれほど多くありません。

実行結果 9.1.2

```
>>> dict([['sato', 'taro'], ['tanaka', 'jiro']])
{'sato': 'taro', 'tanaka': 'jiro'}
>>> dict(['ab', 'cd', 'ef'])
{'a': 'b', 'c': 'd', 'e': 'f'}
```

※2　Pythonでは、変数に格納できる値やデータといったものを「オブジェクト」と表現します。1 は int 型のオブジェクト、'Hello' は str 型のオブジェクトです。

実行結果 9.1.3

```
>>> report = {'math': 80, 'science': 100}
>>> report['japanese'] = 70
>>> report
{'math': 80, 'science': 100, 'japanese': 70}
>>> del report['science']
>>> report.pop('japanese')
70
>>> report
{'math': 80}
>>> report['math'] = 100
>>> report
{'math': 100}
>>> report['japanese']
Traceback (most recent call last):
  File "<stdin>", line 1, in <module>
KeyError: 'japanese'
```

辞書への追加・削除は簡単です（実行結果 9.1.3）。追加をする場合は ['japanese'] = 70 のようにします。削除は、del 文か、pop メソッドが使えます。pop メソッドはリストと同様に、削除された値も返されます。辞書を扱ううえで重要な概念として、キーの重複が許されません。実行結果 9.1.3 の 10 行目のように、すでにある名前に対して代入をすると上書きされます。存在しないキーにアクセスした場合は、KeyError となります。このエラーを見かけたら、キーが存在するかを確認しましょう。

9.2 辞書のメソッド

辞書の便利なメソッドを表 9.2.1 に載せます。辞書はミュータブル（変更可能）な型のため、値を返さずに自身を変更する操作があります。それらには <inplace> としています。pop のように、自身を変更しつつ何らかの値を返す操作もあります。

表 9.2.1 辞書の便利なメソッド

メソッド名	概要	例
clear<inplace>	辞書の中身を空にする	my_dict.clear()
copy	内容をコピーした新しい辞書を返す	{'name': '太郎'}.copy() ⇒ {'name': '太郎'}
get	キーに対応した値を返す。キーが存在しなければ第 2 引数を返す[1]	my_dict.get('age', 20) ⇒ 20
fromkeys	リストなどを受け取り、各値をキーにした新しい辞書を返す[2]	my_dict.fromkeys([1, 2, 3], 100) ⇒ {1:100, 2:100, 3:100}
pop<inplace>	要素を削除する	my_dict.pop('name') ⇒ '太郎'
popitem<inplace>	要素を削除する[3]	my_dict.popitem() ⇒ ('name', '太郎')

メソッド名	概要	例
setdefault<inplace>	キーが存在すればその値を返す。そうでなければキーに第2引数の要素を追加し、第2引数を返す	my_dict.setdefault('height', 170) ⇒ 170
update<inplace>	辞書同士を結合する。同じキーがあった場合は、第2引数の辞書の値で上書きされる	my_dict.update({'name':'次郎'})

※1 [key名]と違いKeyErrorにならない。第2引数を省略するとNone。
※2 第2引数を省略するとNone。
※3 popと違い、対象を選べない。また、(キー, 値)のタプルを返す。

ワーク

基礎①

実行結果9.1.1、実行結果9.1.3を参考に、括弧の中の処理を考えましょう。

```
>>> report = {'math': 80, 'science': 100}
>>> (    )
>>> report
{'math': 80, 'science': 100, 'japanese': 30}
>>> report[(    )]
100
>>> (    )
>>> report
{'math': 80, 'science': 100, 'japanese': 30, 'pc': 100}
```

基礎②

表9.2.1のgetメソッドを見ながら、それぞれの結果を考えましょう。

```
>>> profile = {'age': 18, 'name': 'taro', 'phone': '000-0000-0000'}
>>> profile.get('age')
(    )
>>> profile.get('name')
(    )
>>> profile.get('address', '沖縄')
(    )
```

応用

　表 9.2.1 の update メソッドとヒント（# で始まるコメント）を見ながら、括弧の中に入る処理を考えましょう。

```
>>> profile = {'name': 'sato', 'age': 27, 'phone': '000-0000-0000',
'address': '北海道'}
>>> (    )   # ここで新しい辞書を定義...
>>> (    )   # updateメソッドで一括変更しましょう。
>>> profile
{'name': 'yosida', 'age': 28, 'phone': '000-0000-0000', 'address': '東京'}
```

Step 10 組み込み型 集合

集合も型の1つですが、リスト・辞書に比べると多用はしない型です。しかし、ある目的においては非常に役に立ちます。

要点

10.1 集合とは

集合は辞書に似ています。辞書をキーだけにしたものと考えましょう。

実行結果 10.1.1

```
>>> numbers = {1, 2, 3, 4, 5}
>>> numbers
{1, 2, 3, 4, 5}
>>> empty_set = set()
>>> empty_set
set()
```

波括弧の中にカンマ区切りで値を入れます。リストやタプル同様、どんな型でも格納でき、数も好きなだけ追加できます。空のセットを作る場合は、組み込み関数の set を引数なしで呼び出します。空の波括弧は空辞書になってしまうので、注意してください。set 関数の引数にリストやタプル、辞書などを渡すと集合型に変換されます。

実行結果 10.1.2

```
>>> numbers = {1, 2, 1, 3, 1, 2, 5}
>>> numbers
{1, 2, 3, 5}
>>> set([1, 2, 1, 1, 1, 1, 3, 4, 1])
{1, 2, 3, 4}
>>> numbers.add(6)
>>> numbers
{1, 2, 3, 5, 6}
>>> numbers.remove(6)
>>> numbers
{1, 2, 3, 5}
```

辞書はキーの重複ができなかったように、集合も同様です。実行結果 10.1.2 のように、同じ値があった場合は無視されます。それを利用し、リストなどのデータを集合に変換することで重複した値を消す処理はよく使います。要素の追加は add メソッドを使い、削除には remove メソッドを使います。

10.2 集合のメソッド

集合は重複データの除去だけでなく、積集合、和集合、差集合、排他的論理和といった数学的演算に役立つ機能が揃っています。むしろ、こちらが目当ての機能かもしれません。実行結果 10.2.1 ではミュータブル、イミュータブル、シーケンス型を文字列としてそれぞれ定義しています。

実行結果 10.2.1

```
>>> mutable = {'list', 'dict', 'set'}
>>> imutable = {'str', 'number', 'tuple'}
>>> seq = {'list', 'tuple', 'str'}
```

ミュータブルでもあり、シーケンスでもある要素を抜き出してみます（積集合）。& 演算子か、intersection メソッドを使います。

実行結果 10.2.2

```
>>> mutable & seq
{'list'}
>>> mutable.intersection(seq)
{'list'}
```

ミュータブル、もしくはシーケンスの要素を抜き出してみます（和集合）。| 演算子か、union メソッドを使います。

実行結果 10.2.3

```
>>> mutable | seq
{'set', 'tuple', 'str', 'dict', 'list'}
>>> mutable.union(seq)
{'set', 'tuple', 'str', 'dict', 'list'}
```

イミュータブルだが、シーケンスではないものを抜き出します（差集合）。- 演算子か、difference メソッドを使います。

実行結果 10.2.4

```
>>> imutable - seq
{'number'}
>>> imutable.difference(seq)
{'number'}
```

シーケンスかミュータブルだが、シーケンスでもありミュータブルでもあるものを除きます

（排他的論理和）。^ 演算子か、symmetric_difference メソッドを使います。

実行結果 10.2.5

```
>>> mutable ^ seq
{'set', 'tuple', 'str', 'dict'}
>>> mutable.symmetric_difference(seq)
{'set', 'tuple', 'str', 'dict'}
```

― ワーク ―

基礎①

6行目で表示される内容を考えましょう。

```
>>> numbers = set()
>>> numbers.add(1)
>>> numbers.add(1)
>>> numbers.add(1)
>>> numbers
(   )
```

基礎②

4行目で表示される内容を考えましょう。

```
>>> numbers = [1, 1, 1, 1, 1]
>>> numbers = set(numbers)
>>> numbers
(   )
```

Step 11 組み込み型 まとめ

まだ説明していない2つの型を紹介し、今まで学習した型を振り返ります。

要点

11.1 bool 型

実行結果 11.1.1

```
>>> type(True)
<class 'bool'>
>>> type(False)
<class 'bool'>
```

bool 型には2つの値があります。True と False で、この2つしか bool 型の値はありません。True と False は文字列のステップでさらっと登場しています。文字列がある単語で始まるかを確認する startswith メソッドは、文字列が単語で始まっていれば True、そうでなければ False を返すメソッドです。True は「真」を意味し、正しいことを表すのに使われ、False はその反対です。この True・False は Python に限らずよく使われる概念なので、早めに慣れておきましょう。「Step 12/13　条件分岐 if 文」のステップに入ると、この True・False をよく使うことになります。

11.2 NoneType 型

実行結果 11.2.1

```
>>> type(None)
<class 'NoneType'>
```

NoneType 型はさらにシンプルです。None という値しか存在しません。False と少し似ており、「空（empty）」を表すのに使われたり、関数やメソッドで返す値がない場合に返されます。何もないことを表すもの、と今は覚えておけば充分です。

11.3 組み込み型まとめ

今まで学習したデータ型は、ミュータブル型かイミュータブル型に分けられ、シーケンス型に所属する型もありました。それらをまとめたのが表 11.3.1 です。確認しましょう。

表 11.3.1　データ型

	ミュータブル or イミュータブル	シーケンス
文字列（str 型）	イミュータブル	yes
数値（int 型、float 型）	イミュータブル	no
リスト（list 型）	ミュータブル	yes
タプル（tuple 型）	イミュータブル	yes
辞書（dict 型）	ミュータブル	no
集合（set 型）	ミュータブル	no

ワーク

基礎①

次のうち、シーケンス型の説明として誤っているものを1つ選びましょう。

1. シーケンス型は、sequence[0] のようにして位置に対応する値を取り出せる。
2. シーケンス型は、sequence[:10] のようにして範囲の値を取り出せる。
3. シーケンス型はリスト、タプル、文字列などが該当し、集合はシーケンス型ではない。
4. シーケンス型はすべて、sequence[0] = 100 のような代入をサポートする。

基礎②

次のうち、ミュータブル型、イミュータブル型の説明として誤っているものを1つ選びましょう。

1. イミュータブル型は、自身を変更する操作がない。
2. ミュータブル型は、リスト、辞書、集合などが該当する。
3. イミュータブル型は、整数、浮動小数点数、文字列、タプルなどが該当する。
4. ミュータブル型のデータはすべて、mutable[0] = 'hello' のような代入をサポートする。

条件分岐 if 文①

if 文を覚えると、できることが格段に増えます。本格的なプログラムも作成できるようになります。今回から複数行の処理が多くなるため、ファイルにプログラムを書いて実行していきます。付録 C を見ながら、ファイルに Python プログラムを書いて実行する方法を確認しておいてください。

要点

12.1 if 文の基本

if 文の構文は次のとおりです。

```
if 条件式：
    処理 A
```

条件式の部分には、True か False となる式を書きます。12.2 項で説明しますが、処理 A の前には必ず半角スペースを 4 つ入れます。文字列に startswith というメソッドがありましたが、それを実際に使ってみましょう。リスト 12.1.1 です。

今後は対話モードではなく、ファイルに Python プログラムを書いていきます（付録 C 参照）。

リスト 12.1.1

```python
your_name = input()
if your_name.startswith('佐藤'):
    print('あなたは佐藤さんです')
```

1 行目の組み込み関数 input は、入力された文字列を受け取る関数です。コマンドプロンプトなどで入力を受け付ける状態になるので、文字列を入力しエンターキーを押すことで your_name 変数に入力された文字列が入ります。その文字列に対して、startswith メソッドで佐藤から始まるかをチェックし、「佐藤 太郎」のように入力していれば True となるため、3 行目のコードが実行されます。対話モードでは結果が自動表示されていましたが、ファイルにプログラムを書いて結果を表示するには、組み込み関数の print を使う必要があります。また、print 関数は自動で改行され、文字列にシングルクォーテーションがつくこともありません。リスト 12.1.2 で確認しましょう。

リスト 12.1.2

```python
print('hello')
print('world')
print(12345)
```

実行結果

```
hello
world
12345
```

佐藤さんだけでは寂しいので、田中さんかどうかも確認してみましょう。リスト 12.1.3 です。

リスト 12.1.3

```
your_name = input()
if your_name.startswith('佐藤'):
    print('あなたは佐藤さんです')
elif your_name.startswith('田中'):
    print('こんにちは田中さん')
```

条件を加える場合は、elif... と続けます。elif は好きなだけ追加することができますが、条件 A、条件 B、それ以外、のように書きたい場合もあるはずです。その場合は else を使います。

リスト 12.1.4

```
your_name = input()
if your_name.startswith('佐藤'):
    print('あなたは佐藤さんです')
elif your_name.startswith('田中'):
    print('こんにちは田中さん')
else:
    print('知らない人です')
```

if 〜 elif 〜 else 内の処理には、どれか 1 つにしか入らないことに注意してください。つまり、リスト 12.1.4 ならば 3 行目、5 行目、7 行目のどれかにしか入らないということです。if ブロックの中にさらに if 文を書くような、入れ子の構造にもできます。

12.2 インデント

処理の前に半角スペースを 4 つ入れていました。これは「字下げ」「インデント」と呼ばれるものです。これがなぜ必要かを説明します。以下を見てください。プログラミング言語によっては、if ブロックを波括弧で囲むことがあります（以下は C のコードです）。

```
if （条件式） {
処理 A;
}else{
処理 B;
}
```

　条件式に当てはまれば処理 A が、そうでなければ処理 B が実行されます。しかし、少々見づらいと感じるはずです。実際に、処理が複雑になるとこの書き方はバグの温床となります。コードを見やすくするため、以下のように書くのが一般的です。

```
if （条件式） {
    処理 A;
}else{
    処理 B;
}
```

　こちらは大分見やすいはずです。処理 A と処理 B がどこに所属しているかがはっきり分かります。プログラミング言語によっては、インデントはあくまで見やすさのために行います。if、else それぞれの処理の範囲は波括弧内で、この範囲のことをブロックと表現します。しかし、インデントだけで処理の範囲を決められるのではないか？　という考えが生まれました。Python はその考えを採用し、処理がどこに所属するかをインデントによって決めます。インデントを使う際によく論争になるのは、タブを使うか半角スペースを使うか、半角スペースなら何個のスペースを入れるかというものですが、Python においては半角スペース 4 つを守るようにしてください。エディタによっては、タブキーで半角スペース 4 つに自動で置換されます。

　ちなみにですが、変数やクラス名をどういう名前にするか、インデントはどうするか、空白行はいくつか、などのコーディングスタイルのガイドラインとして、Python 公式が出している「PEP8」があります。

　　　　https://www.python.org/dev/peps/pep-0008/

ワーク

基礎①

次のうち、Python のインデントとして推奨されているものを 1 つ選びましょう。

1. インデントには半角スペースを 2 つ使う。
2. インデントにはタブを使う。
3. インデントには半角スペースを 4 つ使う。
4. インデントには半角スペースとタブを混ぜて使う。

基礎②

以下のプログラムの実行結果を考えましょう。

```
name = '田中 太郎'
if name.endswith('太郎'):
    print('こんにちは、太郎')
else:
    print('はじめまして')
```

実行結果

( )

応用

以下のプログラムの実行結果を考えましょう。

```
name = '田中 太郎'

if name.startswith('田中'):
    print('こんにちは、田中')
else:
    print('はじめまして')

if name.endswith('太郎'):
    print('こんにちは、太郎')
```

実行結果

( )

条件分岐 if 文 ②

他言語には switch 文という条件分岐の仕組みがありますが、Python では if 文のみです。

要点

13.1 比較演算

条件式には、True か False となる式を書くと説明しました。True/Flase を返すメソッドや関数を使うことも多いですが、さらに柔軟に使うこともできます。リスト 13.1.1 を見てください。

リスト 13.1.1

```
your_name = input('名前を入力してください(8文字以上) >>> ')
if len(your_name) < 8:
    print('名前が短すぎます!')
```

組み込み関数 input は文字列を引数として渡すことができ、入力を待ち受ける際に表示されるメッセージとなります。2 行目では、組み込み関数 len に入力された文字列を渡し、文字の長さを取得します。< 8 とすることで、それが 8 文字より小さい場合に True となります。<(小なり）の部分が比較演算子です。他にもいくつか種類がありますので、表 13.1.1 で確認しましょう。

表 13.1.1 演算子

演算子	意味
<	より小さい
<=	以下
>	より大きい
>=	以上
==	等しい
!=	等しくない
is	同一のオブジェクトである
is not	同一のオブジェクトでない
in	含む

in 演算子は、含むかどうかのチェックです。今まで学習した型のほとんどで利用できます。

リスト13.1.2

```
if '5' in '12345':   # 文字列
    print('5を含む')

if 5 in [1, 2, 3, 4, 5]:   # リスト
    print('5を含む')

if 5 in (1, 2, 3, 4, 5):   # タプル
    print('5を含む')

if 5 in {1, 2, 3, 4, 5}:   # 集合
    print('5を含む')

if 5 in {5:'ご'}:   # 辞書、キーに含むか
    print('5を含む')
```

is は == と似ていますが、is はもう少し厳密なチェックをします（リスト 13.1.3）。

リスト13.1.3

```
numbers1 = [1, 2, 3, 4, 5]
numbers2 = numbers1.copy()
print(numbers1 == numbers2)
print(numbers1 is numbers2)
```

実行結果

```
True
False
```

== はほとんどの場合、同じ値かどうかだけをチェックします。なので、copy メソッドで同じ値のリストを作成しても == では True となります。一方 is は、同一かどうかをチェックします。copy メソッドで新しく作られたリストは、値が同じなだけの「別の」リストです。そのため同一ではないと判断され、is での判定は False となりました。ややこしいと思うかもしれませんが、普段のプログラミングにおいて is の使い道はあまり多くありません。よくあるのは値が None かチェックする処理で、if a is None: のように使います。

13.2　ブール演算

複数の条件を組み合わせたり、複数条件のどれかを満たせば OK としたい際はブール演算というものを使います。

表 13.2.1　ブール演算

演算子	意味
x or y	x と y のどちらかが True ならば True
x and y	x と y 両方が True ならば True
not x	x が False ならば True

リスト 13.2.1

```
your_name = input('名前を入力してください(8文字以上12文字以下) >>> ')
if len(your_name) < 8 or len(your_name) > 12:
    print('12文字以下か、8文字以上にしてください')
```

　リスト 13.2.1 は、or を使うことで 2 つの条件をつなげています。len(your_name) < 8 か、len(your_name) > 12 を満たす場合は 3 行目の処理が実行され、警告が表示されます。len(your_name) が 2 回も出ているのはパフォーマンス的にも、見た目的にもよろしくありません。変数に格納し、何度でも使えるようにするのがベターです（リスト 13.2.2）。

リスト 13.2.2

```
your_name = input('名前を入力してください(8文字以上12文字以下) >>> ')
name_length = len(your_name)  # 入力された名前の文字数が入る
if name_length < 8 or name_length > 12:
    print('12文字以下か、8文字以上にしてください')
```

13.3　暗黙の True、False

　例えばあるリストの中身が空かどうか、はどう判別できるでしょうか。他のプログラミング言語の経験があれば、リスト 13.3.1 のようなコードを思いつくかもしれません。

リスト 13.3.1

```
list_a = []
if len(list_a) != 0:
    print('空ではありません')
else:
    print('空です')
```

　リストが空かどうか？　中に何か入っているか？　はリストの長さで判別できます。0 でなければ、空じゃないと判断するという考え方です。処理としては問題ないのですが、Python では別の書き方があります。リスト 13.3.2 を見てください。

リスト 13.3.2

```
list_a = []
if list_a:
    print('空ではありません')
else:
    print('空です')
```

　条件式には list_a と書いただけです。比較演算子やブール演算子も使っていませんが、これは正しく動作します。条件式にリストや文字列などのオブジェクトをそのまま渡した場合に、False と評価されるものは表 13.3.1 のとおりです。

表 13.3.1　False と評価されるもの一覧

キーワード	意味
''	空文字列
0	整数の 0
0.0	浮動小数点数の 0
[]	空リスト
()	空タプル
{}	空辞書
set()	空集合
False	bool 型の False
None	NoneType 型の None

　これ以外はすべて True とみなされます。1 要素以上のリスト、1 文字以上の文字列、1 以上の整数、そのすべてが True と評価されます。Python らしいコードや考え方を「パイソニック」と表現するのですが、パイソニックなコードを書くための一歩として、この評価の仕組みを積極的に利用しましょう。

ワーク

基礎

実行結果のとおりになるように、current_time 変数の値を考えましょう。

```
current_time = (   )
if current_time < 12:
    print('おはようございます')
elif current_time < 14:
    print('こんにちは')
else:
    print('こんばんは')
```

実行結果

こんにちは

応用

表 13.2.1、表 13.3.1 を参考にして、実行結果のとおりになるように、name 変数と age 変数の値を考えましょう。

```
name = (   )
age = (   )
if name and age:
    print('ok')
elif name:
    print('年齢が不正です')
elif age:
    print('名前が不正です')
else:
    print('名前と年齢が不正です')
```

実行結果

名前と年齢が不正です

Step 14 繰り返し for 文 ①

繰り返しはプログラミングの基本です。条件分岐と合わせると、複雑なプログラムを書くことができます。

要点

14.1 for 文の基本

for 文の構文は以下のとおりです。

```
for 変数名 in データの集まり:
    処理
```

データの集まりから、順番にデータを取り出すのが for 文の考え方です。実際のコードを見てみましょう（リスト 14.1.1）。

リスト 14.1.1

```
numbers = [1, 2, 3, 4, 5]
for num in numbers:
    print(num ** 2)
```

実行結果

```
1
4
9
16
25
```

1 行目では、数値を格納したリスト numbers から、num という変数名で 1 つずつ取り出します。2 行目の for 文内で、変数 num の 2 乗をした数値を出力します。今回はリストから取り出しましたが、リストに限らず様々なデータから取り出すことが可能です。文字列、タプル、辞書、集合も同様に行えます。for 文に渡せるデータのことを「イテラブル」と呼びます。辞書の場合は、そのまま for 文に渡すとキーが 1 つずつ取り出されますが、values メソッド、items メソッドを使うことで値の一覧やキーと値のペアを取り出すことも可能です（リスト 14.1.2、リスト 14.1.3）。

リスト 14.1.2

```
score = {'math': 100, 'science': 90}
for value in score.values():
    print(value)
```

実行結果

```
100
90
```

リスト 14.1.3

```
score = {'math': 100, 'science': 90}
for key, value in score.items():
    print(key, value)
```

実行結果

```
math 100
science 90
```

　変数名部分が複数になることもあります。データの集まりから取り出したものが2要素だった場合は、「for a, b in data」のように受け取ることができます。タプルのステップで説明したアンパックを思い出してください。リストの中に3要素のタプルがある例ならばリスト14.1.4のように取り出せます。ちなみにですが、print 関数の引数として複数を渡すと、それらが半角スペース区切りで出力されます。ちょっとした確認の際にはよく使うので、覚えておきましょう。

リスト 14.1.4

```
profiles = [
    ('sato', 170, 74),
    ('tanaka', 180, 70),
    ('yosida', 160, 50),
]

for name, height, weight in profiles:
    print(name, height, weight)
```

　最初は ('sato', 170, 74) というタプルが取り出されますが、3要素なので3つの変数にアンパックすることができます。それを、3回、profiles リストの要素の数だけ繰り返すだけです。リスト 14.1.4 のような処理もたまにありますが、リスト 14.1.3 の辞書からキー、値

を取り出す処理は頻出します。難しい場合は、1 つのイディオムとして覚えてしまってください。

14.2　break と else

例えば、整数を格納したリストがあり、10 以上の整数があるかをチェックしたいとします。素直に書くと、リスト 14.2.1 のようになります。

リスト 14.2.1

```
numbers = [4, 1, 5, 7, 11, 3, 4, 5]
found = False
for num in numbers:
    if num >= 10:
        found = True

if found:
    print('10以上の整数がありました。')
else:
    print('ありませんでした。')
```

このプログラムは for 文と if 文を両方使った初めてのコードです。複雑に思えるかもしれませんが、1 つ 1 つの処理はシンプルです。found という変数を定義し、初期値として False とします。for ループで整数を順に取り出し、10 以上だったならば found を True にします。for ループが終わった後に found が True だったならば、10 以上の整数があったと判断ができます。False の変数を定義しておき、ある条件を満たした際に True を代入するという処理はよく行いますので、テクニックとして覚えてください。

リスト 14.2.1 のプログラムは問題なく動いていますが、10 以上の整数を見つけた時点で残りのループはする必要がありません。break 文は、まさにこのようなケースで役に立ちます。リスト 14.2.2 を見てください。

リスト 14.2.2

```
numbers = [4, 1, 5, 7, 11, 3, 4, 5]
found = False
for num in numbers:
    if num >= 10:
        found = True
        break   # ここが増えた。10以上の整数ならばループ終了

if found:
    print('10以上の整数がありました。')
else:
    print('ありませんでした。')
```

6行目にbreakと書きました。breakは、現在のループを強制的に抜けることができます。#（シャープ）の部分は、コメントという機能です。コメントはプログラムを説明する文章のことで、#以降はプログラムとは解釈されず、好きなように説明を書くことができます。今後はプログラム内にコメントでの捕捉も入れていきます。

実をいうと、リスト14.2.2のコードは別の書き方ができます。リスト14.2.3です。

リスト14.2.3

```
numbers = [4, 1, 5, 7, 11, 3, 4, 5]
for num in numbers:
    if num >= 10:
        print('10以上の整数がありました。')
        break   # 10以上の整数ならばループ終了

else:   # このelseは、breakされなければ実行される
    print('ありませんでした。')
```

for~else構文は、forループ中にbreakされなければelseが実行されます。found変数も必要なくなり、すっきりしたように見えますが、このfor~elseを嫌う人もいます。elseという言葉の意味的にしっくりこないと感じる方や、条件分岐if~elseが近くにあった場合に紛らわしい、というのが理由です。また、breakされなかった場合の処理はelse内（8行目）に書けますが、breakされた場合の処理はforループ中（5行目）に書く必要があり、離れて見えます。リスト14.2.2の8～11行目のようにまとめることができません。慣れないうちは、found変数を使ってチェックをする方法をお勧めします。

ワーク

基礎①

リスト14.1.1を参考に、numbers変数の中身を考えましょう。

```
numbers = (    )
for num in numbers:
    print(num)
```

実行結果

```
1
2
3
4
5
```

基礎②

リスト 14.1.1 を参考に、以下の for 文を使ったプログラムの実行結果を考えましょう。

```
menu = ['チャーハン', 'ラーメン', '餃子']
for food in menu:
    print(food)
```

実行結果

( )

応用①

括弧の中を埋めて、実行結果のとおりになるようにしましょう。
リスト 14.1.2、またはリスト 14.1.3 が参考になります。

```
menu = (    )
for key, value in (    ):
    print(key, value)
```

実行結果

```
チャーハン 680
ラーメン 700
```

応用②

2 行目で numbers 変数に何らかの処理を加えて、実行結果のとおりになるプログラムにしましょう。ステップ6/7 に出てきた sort メソッド、またはスライスでの逆順を思い出しましょう。

```
numbers = [1, 2, 3, 4, 5]
(    )
for num in numbers:
    print(num)
```

実行結果

```
5
4
3
2
1
```

Step 15 繰り返し for 文②

for 文の機能は、リストやタプルからデータを取り出すだけではありません。range, enumarate, zip といった for ループでよく使う組み込み関数を紹介していきます。

要点

15.1 指定回数の繰り返し

繰り返し処理では、「指定回数繰り返す」という処理をよく利用します。他の多くのプログラミング言語では、指定回数繰り返すための特殊な構文をサポートしていますが、Python では今まで学習した for 文で書けます。

リスト 15.1.1

```python
# 0から9まで繰り返す
for i in range(10):
    print(i, end=' ')    # 改行ではなく、半角スペースで区切る
```

実行結果

```
0 1 2 3 4 5 6 7 8 9
```

print 関数はデフォルトで改行されますが、これを変えたい場合は end 引数を指定します。今回は end 引数に半角スペースを指定したので、出力が半角スペースで区切られました。for 文はデータの集まりから順に取り出す処理でした。range(10) で 0 から 9 までの整数の集まりを作成し、それを順番に取り出すことで指定回数の繰り返し処理を行います。i という安易な変数名を使っていますが、これは慣習的なものです。指定回数繰り返す場合は i、for がネストする場合はさらに j, k, ... といった変数名がよく使われます。1 から 10 まで繰り返すならば、リスト 15.1.2 のように range(start, end) と引数を指定します。

リスト 15.1.2

```python
# 1から10まで繰り返す
for i in range(1, 11):
```

また、range 関数にはステップも指定できます。range(start, end, step) です。1, 3, 5, 7, 9... のように 1 つ飛ばしで出力したいならば、リスト 15.1.3 のようにします。

リスト 15.1.3

```
# 1から10まで、1つ飛ばしで出力する
for i in range(1, 11, 2):
```

15.2　range オブジェクト

　今までの挙動を見ると、range 関数はある範囲の整数のリストを作っているように見えます。実際に確認してみます。リスト 15.2.1 を見てください。

リスト 15.2.1

```
numbers = range(10)
print(numbers)    # リストができたならば、[0, 1, 2...]と表示される
print(type(numbers))    # リストができたならば、<class 'list'>と表示される
```

実行結果

```
range(0, 10)
<class 'range'>
```

　実行結果を見ると、リストではありません。返しているのは range という特殊な型です。「2系」という以前の Python では、range はリストを作成する関数でした。しかし、「3系」という現在の Python では少し違います。

　2系のリスト作成アプローチの問題点は、range 関数の引数が億などの膨大な数だった場合に、長さが億のリストを作成しようとすることです。メモリ的によろしくありません。そこで、リストを作るのではなく、必要なときにだけ、例えば for 文でループされるたびに値を生成して返すというアプローチがとられるようになりました。この方法ならば毎回の for ループで1つの値しか使わず、メモリ不足になることはありません。実際に、range(100000000...) のように書いても動作します（とはいえ、終わるまでに膨大な時間が掛かるので、気が済んだら Ctrl+C などで強制終了しましょう）。

　辞書の values、items メソッドで返していたのも、このようなデータです。もしも、1から10までの「リスト」が欲しいという場合は、組み込み関数の list と range を組み合わせます。range 関数の結果をリストに変換したい場合のイディオムとして、覚えておいてください。

リスト 15.2.2

```
# list関数に、range関数の結果を渡す
numbers = list(range(10))
print(numbers)
print(type(numbers))
```

実行結果

```
[0, 1, 2, 3, 4, 5, 6, 7, 8, 9]
<class 'list'>
```

15.3 enumerate と zip

リストから順に要素を取り出しつつ、リスト内の位置を取得したい、ということをしたいとします。他の言語の経験者であれば、リスト 15.3.1 のような処理を思いつくかもしれません。

リスト 15.3.1

```
meats = ['豚肉', '牛肉', '鶏肉', '羊肉']
for i in range(len(meats)):
    print(i, meats[i])
```

実行結果

```
0 豚肉
1 牛肉
2 鶏肉
3 羊肉
```

len(meats) は 4 になり、2 行目の range は range(4) となります。0 から 3 までの値を i として取り出し、i と、meats[i] を出力します。meats に肉がいくら増えようと、このコードは問題なく動きます。len 関数を使ったサンプルとしてはなかなか優秀なのですが、パイソニスタ（Python を使う人達）はリスト 15.3.2 のように書きます。

リスト 15.3.2

```
meats = ['豚肉', '牛肉', '鶏肉', '羊肉']
for i, meat in enumerate(meats):
    print(i, meat)
```

実行結果

```
0 豚肉
1 牛肉
2 鶏肉
3 羊肉
```

秘密は組み込み関数 enumerate です。meats から順に取り出す際に、インデックスも一緒に返してくれます。もしインデックスを1からにしたいならば、enumerate(meats, 1) とします。これも range のようなオブジェクトを返しますので、リストなどに変換するならばリスト 15.3.3 のようにします。

リスト 15.3.3

```
meats = ['豚肉', '牛肉', '鶏肉', '羊肉']
meats1 = list(enumerate(meats))
meats2 = dict(enumerate(meats))
print(meats1)
print(meats2)
```

実行結果

```
[(0, '豚肉'), (1, '牛肉'), (2, '鶏肉'), (3, '羊肉')]
{0: '豚肉', 1: '牛肉', 2: '鶏肉', 3: '羊肉'}
```

もう1つ、for 文でよく使う組み込み関数を紹介しましょう。zip です。

リスト 15.3.4

```
meats = ['豚肉', '牛肉', '鶏肉', '羊肉']
vegetables = ['ブロッコリー', 'レタス', 'ニンジン', 'アボガド']
for m, v in zip(meats, vegetables):
    print(m, v)
```

実行結果

```
豚肉 ブロッコリー
牛肉 レタス
鶏肉 ニンジン
羊肉 アボガド
```

zip は2つのコンテナ（リストやタプル、辞書など、中に複数のデータを入れれる型）を並列に処理することができます。長さがそれぞれ違うコンテナの場合、短い方が基準に処理されますので注意してください。もしアボガドがなければ、羊肉は処理されなくなります。

ワーク

基礎

「15.1 指定回数の繰り返し」を参考に、次の for 文の実行結果を考えましょう。

```
for i in range(0, 10, 2):
    print(i, end=',')
```

実行結果

( )

応用①

2つの括弧の中には、range 関数の呼び出しが入ります。
実行結果のとおりになるように、埋めましょう。

```
for i in (    ):
    for j in (    ):
        result = '{0} * {1} = {2}'.format(j, i, i*j)
        print(result)
```

実行結果

```
1 * 1 = 1
2 * 1 = 2
3 * 1 = 3
1 * 2 = 2
2 * 2 = 4
3 * 2 = 6
1 * 3 = 3
2 * 3 = 6
3 * 3 = 9
```

応用②

リスト15.3.1、リスト15.3.2を参考に、以下のプログラムを組み込み関数 enumerate を使って書き直してください。

```
heights = [170, 180, 165, 171, 170]
for i in range(len(heights)):
    print(i, heights[i])
```

実行結果

```
0 170
1 180
2 165
3 171
4 170
```

Step 16 繰り返し while 文

Pythonの繰り返し構文は、forと今回学習するwhileの2つだけです。他言語によくあるdo～while構文などはありません。シンプルですね。

要点

16.1 while 文とは

for文がやっているのは、データを順番に取り出すという処理です。指定回数の繰り返しであっても、アプローチとしてはnまでの整数を順に取り出す、というものでした。繰り返し処理の中には、繰り返し回数が決まっておらず、ある条件・状態の間繰り返すという処理もよく出ます。それを実現するのがwhile文で、書き方は以下のとおりです。

```
while 条件式:
    処理
```

条件式がTrueの間、処理を繰り返します。while文はfor文よりも柔軟で、for文で書ける処理はwhile文でも書くことができます。

リスト16.1.1

```python
# 1から10まで出力するサンプル
now = 1
while now <= 10:    # nowが10以下の間はループし続ける
    print(now, end=' ')
    now += 1
```

実行結果

```
1 2 3 4 5 6 7 8 9 10
```

リスト16.1.2

```python
# データを順番に取り出すサンプル
meats = ['豚肉', '牛肉', '鶏肉', '羊肉']
i = 0
while i < len(meats):   # i < 4、iには0, 1, 2, 3が入る
    print(meats[i], end=' ')
    i += 1
```

実行結果

```
豚肉 牛肉 鶏肉 羊肉
```

リスト 16.1.1、16.1.2 はどちらも for 文で書ける処理です。while 文で書き直すと、少し分かりにくくなったのがお分かりでしょうか。for 文で書けそうな処理は for 文で試し、for 文で書けない場合は while 文を使いましょう。while 文が正にピッタリな処理としては、リスト 16.1.3 のような終了条件がユーザー入力による場合です。

リスト 16.1.3

```
flag = True
while flag:
    command = input('exitで終わり > ')
    if command == 'exit':
        print('処理を終了します。')
        flag = False
    if command == '0':
        print('0番の処理を開始')
    elif command == '1':
        print('1番の処理を開始')
```

実行結果

```
exitで終わり > 0
0番の処理を開始
exitで終わり > 1
1番の処理を開始
exitで終わり > exit
処理を終了します。
```

リスト 16.1.3 は、ユーザーの入力を受け付け、exit が入力されたら処理を終了するサンプルです。仕組みははじめに flag=True と宣言しておき、while flag のループに入ります。exit が入力されれば flag 変数を False にし、ループを抜けます。好みの問題ですが、リスト 16.1.4 のような書き方もよく行います。

リスト 16.1.4

```
while True:    # 無限ループを作る
    command = input('exitで終わり > ')
    if command == 'exit':
        print('処理を終了します。')
        break    # breakでループを抜ける
    if command == '0':
        print('0番の処理を開始')
    elif command == '1':
        print('1番の処理を開始')
```

while 文でも break（そして else）を利用することができますので、覚えておいてください。

ワーク

基礎①

次のうち、while 文で書くべきものを 1 つ選びましょう。

1. リスト内の値を、順番に出力する。
2. 1 から 10 まで繰り返し、各値を出力する。
3. ループの中でユーザーの入力を受け付け、ある入力で終了する。

基礎②

次のプログラムは、10 から 1 までを表示するプログラムです。
括弧の中に入る処理を考えましょう（リスト 16.1.1 が参考になります）。

```
# 10から1まで出力するサンプル
now = 10
while now >= 1:   # nowが1以上の間はループし続ける
    print(now, end=' ')
    (    )
```

実行結果

```
10 9 8 7 6 5 4 3 2 1
```

応用

次のプログラムを実行すると、途中で入力が求められます。
while 文の処理を見ながら、(あなたの入力) に入る文字を考えましょう。
リスト 16.1.4 が参考になります。

```
while True:
    your_name = input('あなたの名前は？ (exitで終了)>')
    if your_name == 'exit':
        print('処理を終了します。')
        break
    else:
        print(your_name)
```

実行結果

```
あなたの名前は？ (exitで終了)> (あなたの入力)
taro
あなたの名前は？ (exitで終了)> (あなたの入力)
処理を終了します。
```

Step 17 関数①

混乱しないように、数学の関数とは別と考えることをお勧めします。

要点

17.1 関数とは

今まで組み込み関数やメソッドを利用してきました。どちらも Python にもとから用意されているもので、たいへん便利なものでしたが、そんな便利なものを自分で作成することができます。このステップでは、関数を自作する方法を説明していきます。最もシンプルな関数の定義方法は以下のとおりです。

```
def 関数名():
    処理
```

「Hello!!」と出力するだけの関数を作成し、呼び出してみます。一度関数を定義すれば、それを何度でも、好きなときに呼び出すことができます。

リスト 17.1.1

```python
def say_hello():
    print('Hello!!')

# say_hello関数を3回呼び出す
say_hello()
say_hello()
say_hello()
```

実行結果

```
Hello!!
Hello!!
Hello!!
```

関数の定義が先に来る、というのは少し慣れないかもしれません。もし関数定義の前に関数を呼び出そうとすると、エラーとなります。

リスト 17.1.2

```python
# 関数定義より前に呼び出す
say_hello()
```

```
def say_hello():
    print('Hello!!')
```

実行結果

```
Traceback (most recent call last):
  File "main.py", line 1, in <module>
    say_hello()
NameError: name 'say_hello' is not defined
```

say_hello 関数内の処理は、インデントされた部分です。したがって、リスト 17.1.3 の 3 行目は say_hello 関数の処理ではありません。

リスト 17.1.3

```
def say_hello():
    print('Hello!')
print('Workd')   # ここはsay_hello関数の外
```

関数を定義する目的はいくつかに分けられます。

1. **再利用**
   繰り返し同じコードを書くのは退屈なものです。重複コードを見つけたら、関数としてまとめることを検討しましょう。また、今後の拡張で何度か使いそうな処理をあらかじめ関数にしておくこともよい習慣です。

2. **コードへの名前付け**
   一度しか出現しない処理であっても、それを関数として定義するほうがよい場合もあります。コードの塊に名前を付けることで、1 行 1 行のコードを読むことなく、その名前で処理を捉えることでき、プログラムや処理の流れを把握しやすくなります。例えばプログラム全体の初期設定をはじめに一度行いたいとしましょう。長々とコードを書いてそのままにするより、setup のような関数にまとめたほうが分かりやすそうですね。

3. **他の開発者への機能提供**
   組み込み関数の中には、他の組み込み関数から利用されていないものもあります。ではなぜ提供されているかというと、他の開発者のためです。1, 2 を他開発者に向けた、と考えましょう。

17.2 引数

引数は、皆さんすでに利用しています。str('10') のように、丸括弧の中に書いていました。このように、丸括弧内に渡したデータを関数で受け取るにはリスト 17.2.1 のようにします。

リスト 17.2.1

```
def say_your_name(name):
    print(name)

say_your_name('taro')
```

実行結果

```
taro
```

4行目の引数 'taro' を「**実引数**」（**実**際に渡す値）、1行目の引数 name を「**仮引数**」（関数内で参照する**仮**の名前）と呼ぶこともあります。リスト 17.2.2 のように、関数呼び出しの際に「仮引数名＝実引数」と渡すこともできます。これを「**キーワード引数**」と呼びます。

リスト 17.2.2（キーワード引数での関数呼び出し）

```
say_your_name(name='taro')
```

引数を複数受け付けることもできます。リスト 17.2.3 のように、仮引数をカンマ区切りで定義するだけです。

リスト 17.2.3

```
def say_your_name(name1, name2, name3):
    print(name1, name2, name3)

say_your_name('taro', 'jiro', 'hanako')
```

実行結果

```
taro jiro hanako
```

仮引数と実引数の数が合わないと、エラーです（リスト 17.2.4）。

リスト 17.2.4（エラーとなる関数呼び出し）

```
say_your_name('taro', 'jiro')   # name3に対応する引数がない！！
```

実行結果

```
Traceback (most recent call last):
  File "main.py", line 5, in <module>
    say_your_name('taro', 'jiro')   # name3に対応する引数がない！！
TypeError: say_your_name() missing 1 required positional argument: 'name3'
```

17.3　戻り値

戻り値（返り値とも呼ぶ）も、皆さんすでに使用しています。文字列のメソッドはすべて何らかの文字列を返していましたが、この返しているのが戻り値です。戻り値を定義するには、17.3.1 のようにします。

リスト 17.3.1

```
def check_name(name):
    # 名前チェック。8文字以上ならばTrueを返す
    if len(name) < 8:
        return False
    else:
        return True

your_name = input('君の名は > ')
if check_name(your_name):
    print('OK')
else:
    print('名前が不正です')
```

return の後に、呼び出し元に返す値を指定します。if 文を使うと、状況に応じて返す値を変更できます。また、戻り値を複数にすることもできます。リスト 17.3.2 で確認しましょう。

リスト 17.3.2

```
def test_func():
    return 1, 2, 3, 4, 5

result = test_func()
print(result)
```

実行結果

```
(1, 2, 3, 4, 5)
```

return の後にカンマ区切りで返す値を定義していきます。これらはタプルとして呼び出し元に渡されます。アンパックで受け取ることもよく行います（リスト 17.3.3）。

リスト 17.3.3（アンパックでの戻り値の受け取り）

```
a, b, c, d, e = test_func()
```

関数内で return 文に到達しなかった場合、None が返されるようになっています。ほとんどの場合は気にする必要はありませんが、まれに発見しづらいバグを生み出すので、注意して

ください（これは例えば、True か False を返す関数で、reutrn 文に到達せず None が返り、その結果を if 文に渡した場合。False も None も、条件式では False なのです）。

ワーク

基礎①

次の say 関数を呼び出しましょう。

```
def say():
    print('こんにちは')

(呼び出すコードをここに)
```

実行結果

```
こんにちは
```

基礎②

リスト 17.3.2 を参考に、create_numbers 関数を完成させましょう。

```
def create_numbers():
    (    )  # 1から5までのリストを返す

numbers = create_numbers()
print(numbers)
```

実行結果

```
[1, 2, 3, 4, 5]
```

応用

「17.2　引数」を参考に関数を定義して、実行結果のとおりになるプログラムを作成しましょう。

```
(ここに関数を定義します)

hello(name='太郎', greet='こんにちは')
```

実行結果

```
こんにちは、太郎
```

Step 18 関数②

関数定義の def は、「define（定義する）」の略です。

要点

18.1 デフォルト引数

辞書の get メソッドを覚えていますか。キーが存在しなければ第 2 引数を、第 2 引数を指定しなければ None が返りました。この動作は仮引数にデフォルト値を持たせることで実現できます。リスト 18.1.1 を見てください。

リスト 18.1.1

```python
def say_your_name(name='名無し'):
    print(name)

say_your_name()
say_your_name('taro')        # デフォルト引数に位置で渡す
say_your_name(name='taro')   # デフォルト引数にキーワードで渡す
```

実行結果

```
名無し
taro
taro
```

関数定義の際に、「引数名 = デフォルト値」として定義します。また、通常の引数と組み合わせる場合は、デフォルト引数を通常の引数の後に書きます。でなければ、エラーとなります（リスト 18.1.2）。また、呼び出す際も、キーワード引数は位置引数の後に書いてください。（リスト 18.1.3）。

リスト 18.1.2

```python
# エラーとなる引数の書き方
def say_your_name(name='名無し', name2):
    print(name, name2)

say_your_name('taro')
```

実行結果

```
  File "main.py", line 1
    def say_your_name(name='名無し', name2):
                      ^
SyntaxError: non-default argument follows default argument
```

リスト 18.1.3

```python
def say_your_name(name, name2='名無し'):
    print(name, name2)

# エラーとなる関数の呼び出し方
say_your_name(name2='taro', 'jiro')
```

実行結果

```
  File "main.py", line 4
    say_your_name(name2='taro', 'jiro')
                                ^
SyntaxError: positional argument follows keyword argument
```

デフォルト引数に対し、今まで利用していた通常の引数を「位置引数」と呼びます。デフォルト引数を関数呼び出しの際に変更したいならば、位置で渡すよりも「引数名 = 値」のキーワード引数で渡すと分かりやすくなります（リスト 18.1.1 の 6 行目）。

18.2　可変長位置引数

可変長とは、長さが決まっていない場合に使う言葉です。Python では、位置引数を好きなだけ受け付ける関数を定義することができます。リスト 18.2.1 で確認しましょう。

リスト 18.2.1

```python
def say_names(*names):
    for name in names:
        print(name)

say_names('taro', 'jiro', 'saburo')
```

実行結果

```
taro
jiro
saburo
```

仮引数に＊（アスタリスク）をつけることで、任意の数の位置引数を受け取れます。今回であれば、'taro', 'jiro', 'saburo' という 3 つの引数を渡して呼び出しています。これらはタプルとして names 変数に格納されるので、for 文やインデクシングで取り出すことが可能です。普通の位置引数やデフォルト引数と組み合わせたい場合は、リスト 18.2.2 のように「位置引数，可変長位置引数，デフォルト引数」の順番を守ってください。

リスト 18.2.2（異なる種類の引数の順番）

```python
# 位置引数，可変長位置引数，デフォルト引数
def send_mail(to, *cc, frm='frm@a.com')
```

今回は ＊names や ＊cc という名前にしましたが、特に名前が思いつかない場合は ＊args（arguments の略）という引数名にすることが慣習になっていますので、覚えておきましょう。

18.3 可変長キーワード引数

位置引数だけでなく、キーワード引数も任意の数だけ受け取れます。リスト 18.3.1 を見てください。

リスト 18.3.1

```python
def say_profiles(**profiles):
    for key, value in profiles.items():
        print(key, value)

say_profiles(height=170, weight=60, name='taro')
```

実行結果

```
height 170
weight 60
name taro
```

仮引数に＊＊（アスタリスク 2 つ）をつけます。可変長位置引数とは違い辞書として受け取るので、[キー名] や for 文で取り出すことができます。他の引数と組み合わせる場合は、「位置引数，可変長位置引数，デフォルト引数，可変長キーワード引数」の順番を守ってください。可変長位置引数と合わせて、どのような引数にも対応する関数を作る場合はリスト 18.3.2 のようにします。名前が思いつかない場合は、＊＊kwargs（keyword arguments の略）という名前にするのが慣習です。

リスト18.3.2（どのような引数にも対応する関数）

```
# 可変長位置引数，可変長位置引数
def test_func(*args, **kwargs)
```

18.4 キーワード専用引数

便利ですが、そこまで一般的に使われていないキーワード専用引数も便利です。デフォルト引数には、位置でもキーワードでも渡すことができました。キーワード専用引数を使うことで、位置で渡すことを禁止することができます。

リスト18.4.1

```
def send_mail(to, *, frm='taro@gggmail.com', cc='cc@a.com', bcc='bcc@a.com'):
    print(to, frm, cc, bcc)

send_mail('to@a.com')
send_mail('to@a.com', frm='frm@a.com')
send_mail('to@a.com', 'frm@a.com')  # これはできない！
```

実行結果

```
to@a.com taro@gggmail.com cc@a.com bcc@a.com
to@a.com frm@a.com cc@a.com bcc@a.com
Traceback (most recent call last):
  File "main.py", line 6, in <module>
    send_mail('to@a.com', 'frm@a.com')  # これはできない！
TypeError: send_mail() takes 1 positional argument but 2 were given
```

6行目の、frmに位置で引数を渡すとエラーになっています。通常のデフォルト引数には位置でも渡すことができるため、引数の数が多くなると誤って渡してしまうことがあります。しかしキーワード専用引数ならば、位置で渡す引数を制限でき、間違いも少なくなります。

― ワーク ―

基礎①

関数を定義する際、以下の中でエラーとなる関数定義を1つ選びましょう（処理部分は考慮しないとします）。

リスト18.1.2が参考になります。

1.
```
def send_mail(to='to@a.com', frm):
```

2.
```
def send_mail(to, frm):
```

3.
```
def send_mail(to='to@a.com', frm='from@a.com'):
```

4.
```
def send_mail(*args, **kwargs):
```

基礎②

以下の関数を呼び出す際、エラーとなるものを 1 つ選びましょう。
リスト 18.1.3 が参考になります。

```
def send_mail(to, frm):
    print(to, frm)
```

1.
```
send_mail('to@a.com', 'from2@a.com')
```

2.
```
send_mail('to@a.com', frm='from2@a.com')
```

3.
```
send_mail(to='to@a.com', frm='from2@a.com')
```

4.
```
send_mail(to='to@a.com', 'from2@a.com')
```

応用

実行結果のとおりになるように関数を定義しましょう。
引数は 2 つ、どちらもデフォルト値を持つ引数です。

```
(ここに関数を定義しましょう)

say_hello()
say_hello('こんにちは')
say_hello('こんばんは', '田中')
```

実行結果

```
おはよう、名無し
こんにちは、名無し
こんばんは、田中
```

Step 19 関数③

Python の関数の仕組みはパワフルです。本書では説明できていない高度な機能も多くあります。

要点

19.1 スコープ

リスト 19.1.1

```
name = 'taro'   # これはグローバル変数

def say():
    print(name)

say()
print(name)
```

実行結果

```
taro
taro
```

リスト 19.1.1 のコードは、関数の外で定義した変数を、関数内で参照しています。

関数の外で定義した変数を「グローバル変数」と呼び、関数の外（7 行目）はもちろん、関数の中（4 行目）からも自由に参照することができます。

リスト 19.1.2

```
def say():
    name = 'taro'   # これがローカル変数
    print(name)

say()
```

実行結果

```
taro
```

リスト 19.1.1 に対し、リスト 19.1.2 のように関数内で定義した変数のことを「ローカル変数」と呼び、ローカル変数には、その関数内からしか参照できません。

もし関数の外からローカル変数を参照しようとすると、リスト 19.1.3 のようにエラーとなります。

リスト 19.1.3

```
def say():
    name = 'taro'   # これがローカル変数

say()
print(name)   # エラー!!! 関数の外から、ローカル変数は見えない
```

実行結果

```
Traceback (most recent call last):
  File "main.py", line 5, in <module>
    print(name)   # エラー!!! 関数の外から、関数内の変数は見えない
NameError: name 'name' is not defined
```

変数を定義した場所によって、その変数を参照できる範囲が変わります。このような変数の見える範囲を「スコープ」と呼びます。

リスト 19.1.4 のように、関数内で参照しようとした name 変数がローカルにもグローバルにも存在する場合は、ローカル変数が優先されます。まれに発見しにくいバグを引き起こすこともあるので、この仕様は覚えておきましょう。

リスト 19.1.4

```
name = 'jiro'   # グローバルなname変数

def say():
    name = 'taro'   # ローカルなname変数
    print(name)   # ローカル変数のnameが優先される

say()
```

実行結果

```
taro
```

もし関数内からグローバル変数の定義・書き換えをしたい場合は、global 文を使うことで可能です（リスト 19.1.5）。

リスト 19.1.5

```
def say():
    global name   # name変数は、グローバルな変数と宣言
```

```
    name = 'taro'
say()
print(name)
```

実行結果

```
taro
```

19.2　ミュータブルな型の注意点 再び

初心者が陥りがちな落とし穴として、リスト 19.2.1 のような関数があります。

リスト 19.2.1

```
def create_int_list(numbers=[]):
    for i in range(10):
        numbers.append(i)
    return numbers

numbers = create_int_list()
print(numbers)
```

実行結果

```
[0, 1, 2, 3, 4, 5, 6, 7, 8, 9]
```

この関数は、受け取ったリストに 0 から 9 までの整数を追加するだけの関数です。引数に何も渡さないと、デフォルト引数の空リストが使われます。今のところはうまく動いていますが、引数に何も指定せず 2 回以上呼び出すと結果がおかしくなります（リスト 19.2.2）。

リスト 19.2.2（引数を指定せずに 2 回関数を呼び出す）

```
numbers1 = create_int_list()
print(numbers1)

numbers2 = create_int_list()
print(numbers2)
```

実行結果

```
[0, 1, 2, 3, 4, 5, 6, 7, 8, 9]
[0, 1, 2, 3, 4, 5, 6, 7, 8, 9, 0, 1, 2, 3, 4, 5, 6, 7, 8, 9]
```

0〜9までの整数が2回作られています。なぜこのようなことが起きるかというと、関数の引数にデフォルト値を与えると、一度作られるとそれが使いまわされます。毎回デフォルト値が作られる訳ではありません。リストのようなミュータブルな型は自身の変更ができますので、appendなどを使うとデフォルト値のリストがどんどん変更されていくのです。デフォルト引数にはミュータブルな型はあまり使わないようにするのがベストですが、どうしてもデフォルト値としてリストなどを持たせたい場合はリスト19.2.3のようにしましょう。これはよく見るコードです。

リスト19.2.3（リストをデフォルト値とした関数定義）

```
def create_int_list(numbers=None):
    if numbers is None:   # Noneかどうかは、isで判別するとベター！
        numbers = []
    for i in range(10):
        numbers.append(i)
    return numbers
```

ワーク

基礎①

以下のプログラムを実行したとき、実行結果として正しいものを1つ選びましょう。
リスト19.1.3が参考になります。

```
def greet():
    message = 'Hello'

greet()
print(message)
```

1. `NameError: name 'name' is not defined`

2. `'Hello'`

3. 何も表示されない

基礎②

以下のプログラムを実行したとき、実行結果として正しいものを1つ選びましょう。

```
message = 'Hi'
def greet():
    message = 'Hello'

greet()
print(message)
```

1. `NameError: name 'name' is not defined`

2. `'Hello'`

3. `'Hi'`

応用

リスト 19.1.5 を参考にして、実行結果のとおりになるよう関数を定義しましょう。

```
name = 'taro'

(ここに関数を定義しましょう)

change_name('jiro')
print(name)
```

実行結果

```
jiro
```

クラス①

言語によっては、クラスを中心にプログラムを組み立てる言語もあります。Pythonでは必ずしもクラスを作る必要はありませんが、場合によってはたいへん便利です。

要点

20.1 クラスとは

今まで組み込み型を利用してきました。整数・浮動小数点数から始まり、文字列、リストと学習をしてきました。Pythonでは型とクラスは同一のもので、クラスを作ることは新しい型を定義することと同じ意味です。関数の自作に続き、型（クラス）の自作方法を学びましょう。

```
class クラス名：
    pass
```

クラス定義は上記のとおりです。pass文は、まだ具体的な中身を決めていない場合に使えます。for文やwhile文、if文、def文での関数定義でも使うことができます。とりあえず定義しておき、処理は後で決めたいという場合に有効です。pass文がなければ、処理を何か書かないとエラーとなります。

実際に新しい型を定義してみます。リスト20.1.1です。

リスト20.1.1

```
class Person:
    pass

person = Person()
```

自分で定義した型からデータを作成するにはPerson()のように「クラス名()」とします。この作業をインスタンス化と呼び、person変数にはインスタンスが返されます。クラス定義は設計図のようなもので、設計図をもとにデータの実体を作成することをインスタンス化、とイメージしてください。インスタンス化の際に引数を渡したり、もう少し高度なことをしてみましょう。リスト20.1.2です。

リスト20.1.2

```
class Person:
    def __init__(self, name, age):
        pass

taro = Person('taro', 20)
```

クラス内に定義した関数はメソッドと呼ばれることが多いです。`__init__` が、インスタンス化されたときに呼ばれるメソッドで、インスタンス化の際に何らかの初期化処理をしたい場合に使います。また、メソッドを定義する際のお約束として、必ず self という名前の引数を作ります。

関数の定義もそうでしたが、クラス定義も先に書く必要があります。もしクラス定義の前でインスタンス化しようとすると、リスト 20.1.3 のようなエラーとなります。

リスト 20.1.3

```python
# クラス定義より前でインスタンス化させる
taro = Person('taro', 20)

class Person:
    def __init__(self, name, age):
        pass
```

実行結果

```
Traceback (most recent call last):
  File "main.py", line 1, in <module>
    taro = Person('taro', 20)
NameError: name 'Person' is not defined
```

20.2 self

self は、自分自身といった意味を持つ単語です。self を使うことで、インスタンスに固有の値を持たせることができます。リスト 20.1.2 で 'taro' と 20 を渡しましたが、これをインスタンスの属性として設定してみましょう。リスト 20.2.1 です。

リスト 20.2.1

```python
class Person:
    def __init__(self, name, age):
        self.name = name
        self.age = age

taro = Person('taro', 20)
print(taro.name, taro.age)
```

実行結果

```
taro 20
```

「self.属性名 = 値」とすることで、そのインスタンス固有の値を設定できます。変数

taro にはインスタンスが返されるので、taro.name，taro.age でインスタンスの属性にアクセスできます。__init__ はインスタンス化の際に呼ばれる特殊なメソッド（実際に、このようなメソッドを「特殊メソッド」と呼びます）でしたが、今度は普通のメソッドも定義してみましょう。リスト 20.2.2 です。

リスト 20.2.2

```python
class Person:
    def __init__(self, name, age):
        self.name = name
        self.age = age

    def say_hello(self):
        print('hello')

taro = Person('taro', 20)
taro.say_hello()
```

実行結果

```
hello
```

メソッドを呼び出すには、taro.say_hello() のように「インスタンス . メソッド名 ()」とします。name や age へのアクセスとほとんど同じですね。もちろん、引数も自由に設定できます。taro にはインスタンスが返されていますが、この taro と self は同一のものです。なので、クラス内、例えば say_hello メソッド内から name や age といった属性にアクセスするにはリスト 20.2.3 のようにします。

リスト 20.2.3

```python
class Person:
    def __init__(self, name, age):
        self.name = name
        self.age = age

    def say_hello(self):
        print(self.name, self.age)   # インスタンスのname, ageにアクセス

taro = Person('taro', 20)
taro.say_hello()
```

実行結果

```
taro 20
```

同様に、taro.say_hello() のようなメソッド呼び出しをクラス内、例えば __init__ の最後で行ってみるならば、リスト 20.2.4 のようになります。

リスト 20.2.4

```
class Person:
    def __init__(self, name, age):
        self.name = name
        self.age = age
        self.say_hello()   # say_helloメソッド呼び出し

    def say_hello(self):
        print(self.name, self.age)   # インスタンスのname, ageにアクセス

taro = Person('taro', 20)
```

実行結果

```
taro 20
```

　taro と self が同じならば、taro.name = ... のような代入をするとインスタンスの属性として設定できるのでしょうか。そう、できます（リスト 20.2.5）。

リスト 20.2.5

```
class Person:
    def __init__(self, name, age):
        self.name = name
        self.age = age
        self.say_hello()   # say_helloメソッド呼び出し

    def say_hello(self):
        print(self.name, self.age)   # インスタンスのname, ageにアクセス

taro = Person('taro', 20)
taro.age = 30   # ageを設定しなおした
taro.say_hello()
```

実行結果

```
taro 20
taro 30
```

ワーク

基礎①

リスト 20.2.1 を参考ににして、実行結果のとおりになるようにクラスを定義しましょう。

```
(ここにクラスを定義しましょう)

saburo = Person('saburo')
print(saburo.name)
```

実行結果

```
saburo
```

基礎②

リスト 20.2.3 を参考にして、実行結果のとおりになるようにクラスを定義しましょう。

```
(ここにクラスを定義しましょう)

saburo = Person('saburo')
saburo.show_name()
```

実行結果

```
saburo
```

応用

ステップ 18 のデフォルト値を持つ関数定義を思い出しながら、実行結果のとおりになるようにクラスを定義しましょう

```
(ここにクラスを定義しましょう)

anonymous = Person()
anonymous.say_hello()

tanaka = Person('tanaka')
tanaka.say_hello()
```

実行結果

```
おはよう、名無し
おはよう、tanaka
```

クラス②

公式ドキュメントでは、クラスについて次のように説明しています。
「クラスはデータと機能を組み合わせる方法を提供します。」

要点

21.1 継承とは

継承の説明でよく用いられるのは、ゲームの例です。例えば RPG を作っていて、キャラクターをクラスで定義したとしましょう（リスト 21.1.1）。

リスト 21.1.1

```python
class Fighter:
    def __init__(self, name):
        self.name = name
        self.hp = 100
        self.power = 100

    def attack(self, target):
        print('{0}が{1}へパンチ!'.format(self.name, target.name))
        target.hp -= self.power
        if target.hp <= 0:
            print('{0}が{1}を倒した!'.format(self.name, target.name))


taro = Fighter('taro')
jiro = Fighter('jiro')
taro.attack(jiro)
```

実行結果

```
taroがjiroへパンチ!
taroがjiroを倒した!
```

今のところはよく動作しています。しかし、パンチをする Fighter 以外にも、剣で斬りつける Fencor も必要になるはずです。他にもたくさんのキャラクターを追加していくと、クラスの数が膨大になり、そのたびにメソッドも書かなければいけません。面倒な作業です。

そこで、継承という機能が使えます。継承を一言で説明すると、クラスの再利用です。リスト 21.1.2 を見てください。

リスト21.1.2

```
class Fighter:
    def __init__(self, name):
        self.name = name
        self.hp = 100
        self.power = 100

    def attack(self, target):
        print('{0}が{1}へパンチ!'.format(self.name, target.name))
        target.hp -= self.power
        if target.hp <= 0:
            print('{0}が{1}を倒した!'.format(self.name, target.name))


class Fencor(Fighter):
    pass


taro = Fencor('taro')
jiro = Fighter('jiro')
taro.attack(jiro)
```

taroが剣士になりました。Fencorクラスはpassで処理を書いていませんが、実行結果はリスト21.1.1と同じです。秘密はclass Fencor(Fighter):の部分で、これによりFencorクラスはFighterクラスの属性を暗黙のうちに引き継ぎます。このとき、Fighterを「親クラス、スーパークラス」と呼び、Fencorを「子クラス、サブクラス」と表現します。

21.2 オーバーライド

子クラスでは、自由に親の属性を上書き（オーバーライド）できます。リスト21.1.2のコードをリファクタリングして、メソッドのオーバーライドをしてみましょう。リファクタリングとはプログラミングの世界でよく使われる言葉で、既存のコードをより綺麗にしたり、洗練させたりといった改良のことを指します。

リスト21.2.1（リスト21.1.2のFencorクラスを書き換える）

```
class Fencor(Fighter):

    def attack(self, target):
        # 表示メッセージを変えました。
        print('{0}が{1}へ斬りつけた!!'.format(self.name, target.name))
        target.hp -= self.power
        if target.hp <= 0:
            print('{0}が{1}を倒した!'.format(self.name, target.name))
```

実行結果

```
taroがjiroへ斬りつけた!!
taroがjiroを倒した!
```

実行結果が、「斬りつけた!!」に変化したのがお分かりでしょうか。子クラスでメソッドを上書きすれば、親クラスのメソッドは呼ばれなくなります。

21.3 superで親のメソッドを呼ぶ

FighterとFencorというクラスを作りましたが、似たようなコードが多く見られます。このような場合、各クラスの共通部分を持つ親クラスを定義するのが一般的です。リスト21.3.1を見てください。

リスト21.3.1（親クラスCharcter）

```python
class Charcter:

    def __init__(self, name):
        self.name = name
        # hpとpowerは各クラスごとに異なる

    def attack(self, target):
        # 攻撃メッセージは各クラスごとに異なる
        target.hp -= self.power
        if target.hp <= 0:
            print('{0}が{1}を倒した!'.format(self.name, target.name))
```

Charcterというすべてのベースとなるクラスを作りました。hp、power、攻撃メッセージは各クラスごとに異なるため、まだ定義していません。ではどうするのかというと、子クラスでそれらを定義し、残りの処理は親のメソッドを呼び出すのです（リスト21.3.2）。

リスト21.3.2（Charcterクラスを継承してクラスを定義）

```python
class Fighter(Charcter):
    def __init__(self, name):
        super().__init__(name)
        self.hp = 100
        self.power = 100

    def attack(self, target):
        print('{0}が{1}へパンチ!'.format(self.name, target.name))
        super().attack(target)


class Fencor(Charcter):
```

```
    def __init__(self, name):
        super().__init__(name)
        self.hp = 100
        self.power = 100

    def attack(self, target):
        print('{0}が{1}を斬りつけた!!!'.format(self.name, target.name))
        super().attack(target)
```

super()とすると、親のクラスを取得できます。結果的に、Charcterの__init__やattackを呼び出せます。この際、self引数は必要ありません。メソッドを上書きしつつ、親の同名メソッドを呼び出したい場合はsuperを利用しましょう。

ワーク

基礎①

リスト 21.1.2 を参考に、実行結果のとおりになるよう Male クラスを定義しましょう。

```
class Person:
    def __init__(self, name):
        self.name = name


(ここにクラスを定義します)

saburo = Male('saburo')
print(saburo.name)
```

実行結果

```
saburo
```

基礎②

「21.2 オーバーライド」を参考に、実行結果のとおりになるよう、show_profile メソッドをオーバーライドしましょう。

```
class Person:
    def __init__(self, name):
        self.name = name

    def show_profile(self):
        print('{0}です'.format(self.name))
```

```
class Male(Person):
    (ここにshow_profileメソッドを定義しましょう)


saburo = Male('saburo')
saburo.show_profile()
```

実行結果

```
saburo 男性です
```

応用

リスト 21.3.2 を参考に、実行結果のとおりになるよう、Male クラスの __init__ メソッドを作成しましょう。

その際、super() を使って親のメソッドを呼び出してください。

```
class Person:
    def __init__(self, name):
        self.name = name

    def show_profile(self):
        print('{0}です'.format(self.name))


class Male(Person):
    (ここにメソッドを定義しましょう)

    def show_profile(self):
        print('{0} {1}歳 男性です'.format(self.name, self.age))

saburo = Male('saburo', 20)
saburo.show_profile()
```

実行結果

```
saburo 20歳 男性です
```

クラス③

インスタンスとクラスの属性の違いは、慣れた方でもよく間違えます。きちんと覚えて使いこなすと、非常に便利です。

要点

22.1 クラスの属性

今までは `__init__` メソッド内で属性を設定していましたが、これらは1つのインスタンスに紐付くものでした。`taro.name = 'taro'` と変更しても、あくまで taro 変数のインスタンスにしか変更されません。インスタンス全体で何らかの値を共有したい場合はどうでしょうか。関数のステップで学んだ global 文を使えば、リスト 22.1.1 のように作ることもできます。

リスト 22.1.1

```
# インスタンスの数を記憶する変数
person_count = 0

class Person:

    def __init__(self, name, age):
        self.name = name
        self.age = age
        global person_count
        person_count += 1

taro = Person('taro', 20)
print(person_count)
```

実行結果

```
1
```

Person がインスタンス化された数を覚えるグローバル変数として `person_count` を定義し、`__init__` 内で +1 しています。これは正しく動作しますが、さらによい方法があります。Python に限らず、クラスをサポートしたプログラミング言語では、何らかの値をインスタンス全体で共有する方法があり、Python ではリスト 22.1.2 のようにして実装できます。

リスト 22.1.2

```
class Person:
    count = 0   # メソッドの外に定義

    def __init__(self, name, age):
        self.name = name
        self.age = age
        Person.count += 1   # 値の増減はクラス名.属性名

taro = Person('taro', 20)
print(Person.count)   # 値の取得はクラス名.属性名
```

実行結果

```
1
```

　メソッドの外で変数を宣言すれば、それはクラスそのものに紐付く属性になります。グローバル変数や global 文を使わずに済むのでコードも減りましたし、Person.count のようにアクセスすることで、Person クラスに紐付く属性だとすぐに分かります。

22.2　インスタンス属性との区別

　リスト 22.1.2 の print(Person.count) は、実は taro.count のようにアクセスすることもできます（リスト 22.2.1）。

リスト 22.2.1

```
class Person:
    count = 0   # クラス属性のcount

    def __init__(self, name, age):
        self.name = name
        self.age = age
        Person.count += 1

taro = Person('taro', 20)
print(taro.count)   # インスタンス.count とした
```

実行結果

```
1
```

　taro.count（self.count も同様）とすると、まずインスタンスの属性に count がある

かを探します。もしインスタンスの属性に見つからなければ、今度はクラスの属性にcountがあるかを探し、あればそれを返します。リスト 22.2.1 の taro.count は、インスタンスにcountがないので、クラスのcountを返しました。違いをハッキリさせるため、もう1つサンプルを見ましょう。リスト 22.2.2 です。

リスト 22.2.2

```
class Person:
    count = 1   # クラス属性

    def __init__(self, name, age):
        self.name = name
        self.age = age
        self.count = 2   # インスタンス属性

taro = Person('taro', 20)
print(taro.count)    # インスタンス属性
print(Person.count)  # クラス属性
```

実行結果

```
2
1
```

クラスとインスタンスに同名の属性を持たせると混乱しがちなので避けるべきですが、この仕様はぜひ覚えておいてください。

ワーク

基礎

リスト 22.1.2、リスト 22.2.1 を参考にして、実行結果を考えましょう。

```
class Person:
    count = 0

    def __init__(self, name, age):
        self.name = name
        self.age = age
        self.count = 1

taro = Person('taro', 20)
print(Person.count)
print(taro.count)
```

実行結果

```
(   )
(   )
```

応用

ステップ21で学んだ継承を思い出しながら、実行結果のとおりになるよう、Charcterクラス内にshow_profileメソッドを定義しましょう。

ヒントとして、show_profileメソッド内では、self.raceとしてクラス属性にアクセスします。

```python
class Charcter:
    race = '基本クラス'

    def __init__(self, name):
        self.name = name

    (ここにshow_profileメソッドを定義します)


# このようなクラス属性だけを上書きする継承はよく使います。
class Fighter(Charcter):
    race = '戦士'


class Fencor(Charcter):
    race = '剣士'


taro = Fighter('taro')
taro.show_profile()

jiro = Fencor('jiro')
jiro.show_profile()
```

実行結果

```
名前:taro 種族:戦士
名前:jiro 種族:剣士
```

Step 23 モジュール

関数、クラス、そして今度はモジュールです。Python には、プログラムをまとめるための部品がたくさんあります。

要点

23.1 モジュールとは

モジュールという言葉は初めてですが、今までに何度も利用しています。プログラムを書いていた Python ファイルがモジュールです。モジュールとはクラスや関数の入れ物と考えることができます。今回はいくつかのファイルにプログラムを分割し、それを利用していく方法を説明します。

まずは calc.py というファイルを作ります。中身は、2 つの引数を受け取り、それを足して返すだけの関数です。

リスト 23.1.1　calc.py

```
def add(a, b):
    return a + b
```

次に、main.py というファイルを作ります（calc.py と同階層のフォルダに置きましょう）。calc.py の add 関数を利用するには、リスト 23.1.2 のようにします。

リスト 23.1.2　main.py

```
import calc

result = calc.add(1, 2)   # add関数の呼び出し
print(result)
```

実行結果

```
3
```

モジュールを読み込むには、import 文を使います。「import calc」とすることで calc モジュールが読み込まれ、その名前で扱えるようになります。モジュール内の属性には「モジュール名.属性」とし、それが関数やクラスならば丸括弧を付けて呼び出すだけです。import 文での読み込みは非常に柔軟で、「from モジュール import 属性」とすることで属性にピンポイントにアクセスすることもできます（リスト 23.1.3）。

リスト23.1.3

```
from calc import add

result = add(1, 2)
print(result)
```

add関数をmainモジュール内でも定義していたりすると、名前が衝突することもあります。そういった場合のために、別名でのimportが使えます。importの後に「as 別名」とします（リスト23.1.4）。

リスト23.1.4

```
import calc as c   # 別名import

result = c.add(1, 2)
print(result)
```

23.2　モジュールの直接実行

リスト23.2.1を、main2.pyとして作成してみましょう。

リスト23.2.1　main2.py

```
import main
```

そして、main2.pyを実行してみましょう。実行結果として3と出力されたはずです。これはつまり、importしただけでmain.pyの内容が実行されたことを意味します。

Pythonプログラムを実行すると、上から順にコードが実行されます。importで他のモジュールを読み込んだ場合も、他モジュールの内容を上から順に実行していきます。

main2.pyの1行目「import main」によって、mainモジュールを読み込みに行き、上から順に実行し、mainモジュール内4行目のprintで表示がされたのです。

ちなみに、今まで関数定義・クラス定義を先に書かないとエラーになりましたが、それは上から順番にコードが実行されるため、その時点ではまだ定義されていない関数・クラスを呼び出そうとしたためでした。

このままでは他モジュールのimportが難しそうですが、Pythonには便利なイディオムがあります。main.pyを、リスト23.2.2のように書き換えてください。

リスト 23.2.2　main.py

```
import calc as c

if __name__ == '__main__':
    result = c.add(1, 2)
    print(result)
```

「if __name__ == '__main__':」ブロックですが、importされた場合には入りません。違ういい方をするならば、「python main.py」と実行しない限り、ここには入りません。

main2.pyを実行しても、今度は出力がされなくなったはずです。

Pythonでプログラムを書くときは、

1. 他モジュールのimport
2. 関数定義
3. クラス定義
4. グローバル変数

だけを外側に書き、それ以外は「if __name__ == '__main__':」ブロックの中に書くのが一番わかりやすい方法です。

よく見るのはリスト 23.2.3 のように、直接実行した際の処理をmain関数としてまとめて、「if __name__ == '__main__':」内でmain関数を呼び出す、というやり方です。こうすると、他モジュールからmain関数を呼び出す、ということも可能になります。

リスト 23.2.3（main.py の例）

```
import calc as c

def main():
    result = c.add(1, 2)
    print(result)

if __name__ == '__main__':
    main()   # 直接実行した際にmain関数を呼ぶ
```

「if __name__ == '__main__':」は、ちょっとしたテストを書くのにもよく使われます。calc.pyは他モジュールから読み込むのが前提のモジュールですが、「if __name__ == '__main__':」を定義しそこにモジュール内のテストを書くこともできます。最も簡単で、なかなか効果的なテスト方法なので、覚えておきましょう。

ワーク

基礎

add 関数を参考にして、calc モジュールに掛け算を行う mul 関数を新しく定義し、main モジュールから呼び出してみましょう。

応用

リスト 23.2.2 を参考にして「if __name__ == '__main__':」ブロックを作成し、その中で add 関数を呼び出すように作成しましょう。

その際、2 つの引数と結果を print 関数で表示するようにし、add 関数が動作するか確認できるようにしてください。

Step 24 パッケージ

関数、クラス、モジュール、そして最後はパッケージです。大規模なプログラムではなくてはならない存在で、パッケージをうまく使ったプロジェクトは非常に見やすく、共同開発もはかどります。

要点

24.1 パッケージとは

パッケージは初めて出てきた言葉ですが、非常に簡単です。モジュールを格納したフォルダがあれば、Pythonはそれをパッケージとみなします。パッケージとはつまり、モジュールをまとめた入れ物のことです。以下のようなファイル・フォルダ構成を例に考えます。module1.pyには、ステップ23で作成したadd関数があるとします。

```
main.py    -- 実行用ファイル
package1 -- パッケージ
    __init__.py    --  初期化モジュール
    module1.py     --  モジュール1
```

main.pyと同階層にパッケージがあり、中に2つのモジュールが格納されています。add関数のあるmodule1.pyの他に__init__.pyというモジュールがあり、このファイルを置くことでpackage1がPythonパッケージと認識されます。

リスト24.1.1　__init__.py（空のファイル）

リスト24.1.2　module1.py（ステップ23で作成した関数）

```
def add(a, b):
    return a + b
```

それぞれのモジュールをmain.pyから利用するのは非常に簡単です（リスト24.1.3）。

リスト24.1.3

```
import package1.module1

result = package1.module1.add(10, 2)   # module1のadd関数を呼び出す
print(result)
```

importと「パッケージ名.モジュール名.属性」という書き方が面倒ならば、fromを使った importもできます（リスト24.1.4）。ちなみにですが、パッケージから複数モジュールの importをするにはモジュールをカンマ区切りで続けて書きます。

リスト 24.1.4

```
from package1 import module1

result = module1.add(10, 2)
print(result)
```

　リスト24.1.5のように、「from パッケージ.モジュール名 import 属性」という書き方もできます。asを使った別名importも可能です。

リスト 24.1.5

```
from package1.module1 import add

result = add(10, 2)
print(result)
```

24.2　__init__.py

　__init__.pyには、もう少し便利な機能があります。まず、__init__.pyをリスト24.2.1のように書き換えてください。

リスト 24.2.1

```
from package1.module1 import add
```

　__init__.pyで、module1のadd関数を読み込むようにしました。これがどう動作するかは、main.pyをリスト24.2.2のように書き換え、実行して試してみましょう。

リスト 24.2.2

```
import package1

result = package1.add(10, 2)
print(result)
```

実行結果

```
12
```

パッケージを import すると、まず __init__.py が読み込まれます。そしてさらに、__init__.py の属性、今回であれば add 関数を読み込んでいますが、__init__.py に関数やクラス、変数を定義するとそれらも package1.属性名 として扱えるようになります。これはなかなかに強力で、モジュール名や関数名といった名前の変更や、それらが移動されたとしても、__init__.py が緩衝材となり、呼び出し側のコードの変更が不要になります。

― ワーク ―

以下のようなファイル・フォルダ構成を考えます。

```
main.py
news
    __init__.py
    yahoo.py
```

また、__init__.py と yahoo.py が以下のようになっていたとします。

リスト 24.w.1　__init__.py

```
from news.yahoo import read
```

リスト 24.w.2　yahoo.py

```
def read():
    print('yahooニュースを読み込みました')
```

基礎

main モジュールから yahoo モジュールの import として、エラーとなるものを 1 つ選びましょう。
「24.1　パッケージとは」が参考になります。

1. ```
   from news import yahoo
   ```

2. ```
   import news
   ```

3. ```
   from news import yahoo as yh
   ```

4. ```
   import yahoo
   ```

応用

「24.2 __init__.py」を参考にして、main.py 内に「yahoo」という文字列を登場させることなく、read 関数を import しましょう。

入出力

入出力は、Input/Output の頭文字をとって I/O と略されることも多いです。
I/O はよく見かける単語なので、ちらっと覚えておきましょう。

要点

25.1 ファイルの書き込み

ファイルに「ハロー」と書き込む例は、リスト 25.1.1 です。

リスト 25.1.1

```
text = 'ハロー'
file = open('hello.txt', 'w', encoding='utf-8')
file.write(text)
file.close()
```

リスト 25.1.1 を実行すると、`hello.txt` というファイルが作られ、中には「ハロー」と書き込まれています。

2 行目でファイルを操作するのためのオブジェクトを取得し、3 行目でファイルに書き込みます。4 行目で、ファイルを閉じています。open 関数の第 1 引数はファイル名、第 2 引数はどのモードで開くか──「w」なら書き込みモードで開きますし、「r」は読み込み、といった具合に指定できます。encoding 引数については後述します。

4 行目で close メソッドを呼び出しています。open 関数の後は必ず close メソッドを呼ぶと考えていいのですが、close メソッドを書き忘れることもあります。そこで、リスト 25.1.2 のような書き方が推奨されています。

リスト 25.1.2

```
text = 'ハロー'
with open('hello.txt', 'w', encoding='utf-8') as file:
    file.write(text)
```

with 文といいます。`as file` とすることで、`file` という変数名で open 関数の結果のオブジェクトが渡されています。この書き方をすることで、with 文から抜けると自動的にclose メソッドが呼ばれます。この with 文は open 関数専用ではなく、他にも様々な場所で使うことができます。とりあえずは、ファイル操作は with 文で書くと覚えましょう。

25.2 ファイルの読み込み

まずは、さきほど「ハロー」と書き込んだファイルを読み込んでみましょう（リスト 25.2.1）。

リスト 25.2.1

```
with open('hello.txt', 'r', encoding='utf-8') as file:
    text = file.read()
print(text)
```

読み込む場合は、open の第 2 引数を「r」にし、read メソッドを呼び出します。他によく使われるのは、1 行ずつファイルの内容を読み込む処理です。リスト 25.2.2 のように、ファイルオブジェクトを for 文に渡すことで取り出せます。

リスト 25.2.2

```
with open('hello.txt', 'r', encoding='utf-8') as file:
    for line in file:
        print(line)   # 1行ずつ出力される
```

25.3 他のモード

書き込みは w、読み込みは r、他にもいくつかのモードがあります。表 25.3.1 で確認しましょう。

表 25.3.1

モード	内容
r	読み込み、ファイルが存在しなければエラー
w	書き込み、同名ファイルがあれば、上書き
x	書き込み、同名ファイルがあれば、エラー
a	追記、すでに同名ファイルがあれば末尾に足していく
b	バイナリモード、rb や wb のように指定する

25.4 エンコーディング

「文字化け」という現象を知ってる方ならば、すぐに理解ができます。ファイルに書き込まれたテキストは通常何らかのエンコーディングがされています。リスト 25.4.1 をまず見てください。

リスト 25.4.1

```
with open('a.txt', 'w', encoding='utf-8') as file:
    file.write('あ')

with open('a.txt', 'rb') as file:
```

```
    print(file.read())
```

実行結果

```
b'\xe3\x81\x82'
```

「あ」を「utf-8」という種類でエンコーディングして書き込み、バイナリモードでそのファイルを読み込んで表示しました。次に、リスト 25.4.2 を見てください。

リスト 25.4.2

```
with open('a.txt', 'w', encoding='cp932') as file:
    file.write('あ')

with open('a.txt', 'rb') as file:
    print(file.read())
```

実行結果

```
b'\x82\xa0'
```

書き込んだのは「あ」という文字列なのですが、エンコーディングの仕方が異なるため、表示された結果が変わりました。このように、ファイルに書き込んだテキストは何らかのエンコーディングがされており、同じ文字であっても内部的な表現は異なるのです（画像や音声データなど、バイナリデータを直接書き込んだ場合は気にする必要はありません）。

「あ」という文字列を「あ」として読み込むためには、リスト 25.4.3 のように読み込む際に対応する encoding を指定します。

リスト 25.4.3

```
# utf-8で書き込んだテキストを読み込む
with open('a.txt', 'w', encoding='utf-8') as file:
    file.write('あ')

with open('a.txt', 'r', encoding='utf-8') as file:
    print(file.read())

# cp932で書き込んだテキストを読み込む
with open('a.txt', 'w', encoding='cp932') as file:
    file.write('あ')

with open('a.txt', 'r', encoding='cp932') as file:
    print(file.read())
```

このエンコーディングの指針をいくつか紹介します。

1. 世界的に最も使われており、デファクトスタンダードとなっているのは utf-8 です。ファイルを扱う際は utf-8 で扱うようにしましょう。
2. そのファイルのエンコーディングが分からない場合は、まず utf-8 で開けるかを試しましょう。日本人が作ったファイルならば、次に怪しいのは cp932 です（日本語環境の Windows が、cp932 を利用しているため）。
3. open 関数の encoding 引数を省略しないこと。省略すると、OS やその環境に合わせて自動的に選択されるため（これも、日本語環境の Wndows ならば cp932 がよく使われてしまいます）。

ワーク

基礎①

前後のプログラムの流れを見ながら、実行結果のとおりになるように括弧の中を埋めましょう。

リスト 25.1.2、リスト 25.2.1 が参考になります。

```
text = 'やっほー'
with (      ):
    file.write(text)

with open('hello.txt', 'r', encoding='utf-8') as file:
    print(file.read())
```

実行結果

```
やっほー
```

基礎②

「'w'」「'a'」「'r'」を1つずつ使い、括弧の中を埋めて実行結果のとおりになるよう埋めましょう。

```
with open('hello.txt', (    ), encoding='utf-8') as file:
    file.write('ハロー')

with open('hello.txt', (    ), encoding='utf-8') as file:
    file.write('ワールド')

with open('hello.txt', (    ), encoding='utf-8') as file:
    print(file.read())
```

実行結果

```
ハローワールド
```

Step 26 例外

例外が発生すると "Traceback（most recent call last）" と表示されますが、これは新しい呼び出しほど後ろに表示されてるよ、という意味です。

要点

26.1 例外を捕まえる

今までの私達は、例外が出たらすべてを諦め、プログラムを書き直していました。実をいうと、例外が送出されてもプログラムの実行を続けることは可能です。まずはエラーが出るサンプルプログラムとして、リスト 26.1.1 を見てください。

リスト 26.1.1

```
with open('a.txt', 'w', encoding='cp932') as file:
    file.write('あ')

with open('a.txt', 'r', encoding='utf-8') as file:
    print(file.read())
```

実行結果

```
Traceback (most recent call last):
  File "main.py", line 5, in <module>
    print(file.read())
  File "/usr/local/lib/python3.6/codecs.py", line 321, in decode
    (result, consumed) = self._buffer_decode(data, self.errors, final)
UnicodeDecodeError: 'utf-8' codec can't decode byte 0x82 in position 0:
invalid start byte
```

リスト 26.1.1 は、cp932 エンコーディングで書き込まれたテキストファイルを utf-8 で読み込もうとし、`UnicodeDecodeError` という例外が送出されるサンプルです。ここから、utf-8 で開けなかったことを表示するように改良してみます（リスト 26.1.2）。

リスト 26.1.2

```
with open('a.txt', 'w', encoding='cp932') as file:
    file.write('あ')

try:
    with open('a.txt', 'r', encoding='utf-8') as file:
        print(file.read())
except UnicodeDecodeError:
```

```
    print('utf-8で開けませんでした!')
```

実行結果

```
utf-8で開けませんでした!
```

try ブロックに例外が送出されるかもしれないコードを書き、例外が送出されたら except ブロックに入ります。except UnicodeDecodeError としているように、特定の例外を捕まえることが一般的ですが、except: とだけしてすべての例外を捕まえることもできます。一歩進み、はじめの 2 行を消し、a.txt を削除してからもう一度プログラムを実行してみてください。おそらく、実行結果 26.1.3 のような例外が送出されて終了するはずです。

実行結果 26.1.3

```
Traceback (most recent call last):
  File "main.py", line 2, in <module>
    with open('a.txt', 'r', encoding='utf-8') as file:
FileNotFoundError: [Errno 2] No such file or directory: 'a.txt'
```

ファイルがまだ作成されていない場合も、何らかのメッセージを表示したほうが親切です。複数の例外に対応するには、リスト 26.1.4 のように書き換えます。

リスト 26.1.4

```
try:
    with open('a.txt', 'r', encoding='utf-8') as file:
        print(file.read())
except UnicodeDecodeError:
    print('utf-8で開けませんでした!')
except FileNotFoundError:
    print('ファイルがまだ存在しません!')
```

26.2 finally と else

特にエラーがない場合も、エラーを except で捕捉できても、予定外のエラーで強制終了しても、必ず実行したい処理というものがあります。いくつかの一時的なファイルを作成したならば、処理が終われば後片付けしたいはずです。一時的に PC の重大な設定を変更したならば、終わったら元に戻す必要があります。このようなケースに対応するための構文があります（リスト 26.2.1）。

リスト 26.2.1

```
try:
    with open('tmp.txt', 'w', encoding='utf-8') as file:
        # 何か難しい処理を行う...
except:
    # エラーに対応した処理を行う...
finally:
    # tmp.txtを削除する...
```

`finally`がポイントで、この`finally`ブロックには必ず入ります。`except`は必ず必要という訳ではなく、`try`と`finally`だけを利用することもよくあります。`try, except, finally`をうまく使うと柔軟なコードが書けますが、さらに便利な機能があります。`else`です（リスト 26.2.2）。

リスト 26.2.2

```
try:
    with open('tmp.txt', 'w', encoding='utf-8') as file:
        # 何か難しい処理を行う...
except:
    # エラーに対応した処理を行う...
else:
    # エラーが出なかった場合に入る...
finally:
    # tmp.txtを削除する...
```

`else`には、エラーが出なかった場合にだけ入ります。`else`を使うことで`try`ブロック内のコードを最小限にすることができ、処理の流れが見やすくなります。

ワーク

基礎

`try ～ except`の中身を見ながら、変数`b`に入る値を考えましょう。

```
a = 10
b = (    )
try:
    result = a / b
except ZeroDivisionError:
    result = '0で割ってはいけません。'
print(result)
```

実行結果

```
0で割ってはいけません。
```

応用

ステップ18のデフォルト値を持つ関数定義を思い出しながら、実行結果のとおりになるように関数を定義しましょう。

また、関数内部では、except KeyError を使います。

```
(ここに関数を定義しましょう。辞書のgetメソッドと似た動きをする関数です。)

report = {'math': 80}

point = get(report, 'math')
print(point)

point = get(report, 'english')
print(point)

point = get(report, 'english', default=0)
print(point)
```

実行結果

```
80
None
0
```

ライブラリ

何らかの形で配布されており、呼び出しやすい形にされたプログラムをライブラリと呼びます。

要点

27.1　標準ライブラリとは

ステップ23で自作のモジュールを作りましたが、Pythonには標準で便利なプログラムを集めたモジュールが多数付属しており、「バッテリー同梱」と表現されるほどです。言語をインストールすると一緒に付属されている便利なプログラム集を、一般に「標準ライブラリ」と呼びます。さっそく、標準ライブラリを利用してみましょう（リスト27.1.1）。

リスト27.1.1

```python
import pickle

class Charcter:

    def __init__(self, name, level=1, hp=10):
        self.name = name
        self.level = level
        self.hp = hp

taro = Charcter('taro')
with open(taro.name, 'wb') as save_file:
    pickle.dump(taro, save_file)   # dumpで保存
```

リスト27.1.1は、ゲームのキャラクターを作り、そのキャラを保存するサンプルです。`import pickle`は、標準ライブラリの`pickle`モジュールを`import`しています。標準ライブラリは特別な場所に保存されており、特にファイルを移動する必要もなく`import`できます。このコードを実行すると、`taro`というファイルが作成されます。通常のファイルは文字列や数値しか保存できませんが、`pickle`ではPythonのオブジェクトをそのまま保存できます（直列化、シリアライズといいます）。つまり、数値や文字列だけでなく辞書やリスト、クラスのインスタンスなどをそのままファイルに保存できるということです。この保存した`taro`セーブデータを復元するには、リスト27.1.2のようにします。

リスト 27.1.2

```
import pickle

class Charcter:

    def __init__(self, name, level=1, hp=10):
        self.name = name
        self.level = 1
        self.hp = 10

with open('taro', 'rb') as save_file:
    taro = pickle.load(save_file)   # loadで復元。デシリアライズ と呼びます

print(taro.name, taro.level, taro.hp)
```

実行結果

```
taro 1 10
```

　pickle 以外にも、多数の便利なプログラムが標準ライブラリにあります。pickle と似たものならば、key:value 形式で Python オブジェクトを保存できる shelve というモジュールもあり、シンプルなデータベース代わりになります。csv を扱う csv モジュールや、ちょっとした Web サーバーを立ち上げるもの、ファイル・ディレクトリ操作を楽に扱うものなど、豊富です。公式ドキュメントの https://docs.python.org/ja/3/library/index.html を確認してみましょう。

27.2　サードパーティ製ライブラリ

　標準ライブラリには様々なプログラムがあるのですが、それだけで解決しないこともよくあります。そのようなときは、他人が作って公開しているプログラムを利用しましょう。他人とはいっても、企業や団体が開発しているものも多くあり、標準ライブラリよりもよくできたプログラムも珍しくありません。このような他人が作ったプログラムを一般的に「サードパーティ製（第三者）ライブラリ」と呼びます。まずは、サードパーティ製のライブラリを何かインストールしてみましょう。

実行結果 27.2.1（Mac や Linux）

```
$ pip3.6 install requests
```

実行結果 27.2.2（Windows）

```
> py -m pip install requests
```

実行結果 27.2.1 または 27.2.2 を、コマンドプロンプトなどで実行してください。これだけでインストールが完了です。インストールが完了すれば、通常のモジュールと同様に扱うことができます。

リスト 27.2.1

```
import requests

res = requests.get('https://torina.top')
print(res.text)
```

requests をざっくり説明すると、Web ブラウザが裏側で行っているサーバーとの通信をプログラム上から扱うためのライブラリです。例えば、様々な Web サイトから毎日データを抽出したい、といった作業にはうってつけのライブラリです。

他には、Web 開発で有名なものは「Django」があり、機械学習ならば「scikit-learn」、科学計算ならば「Numpy」「Scipy」、データを簡単に図にしたいならば「Matplotlib」、GUI アプリケーションはスマートフォンも含めたマルチプラットフォームで動くものが作れる「Kivy」や、標準ライブラリには「Tkinter」があります。

ワーク

基礎①

標準ライブラリを 1 つ選び、それについての概要をまとめてみましょう。
Google 検索を活用してもよいですが、公式ドキュメントから探しても構いません。
https://docs.python.org/ja/3/library/index.html

基礎②

サードパーティ製のライブラリを 1 つ選び、それについての概要をまとめてみましょう。
Google 検索を活用してもよいですが、よくまとまったページもあるので、そちらから選んでも構いません。
https://qiita.com/h_digitalhearts/items/34c91d4ee0b54bd7cb8b

迷路アプリケーション①

シンプルな迷路アプリケーションを作っていきます。まとめとしてだけでなく、Python でプログラミングをするうえでのフローや考え方についても触れていきます。

要点

28.1 迷路アプリケーションの概要

コマンドプロンプトやターミナル上で動作が確認できる、CUI アプリケーションとして作成します。CUI というのは、インターフェースが文字のアプリケーションで、クリックやマウス移動は使わず、文字を入力して操作するアプリケーションのことです。実行すると、まず下記の画面が表示されます。

```
narito@narito-PC-NS750CAG: ~
narito@narito-PC-NS750CAG:~$ python3.6 main.py
1.↑     2.→    3.↓    4.←     5.exit
Y###
 ###
 ###
   G
command? >>
```

操作方法は明確ですね。Y があなたの座標、G がゴールの座標、# は壁で移動ができない場所です。1 が上方向、2 が右方向、3 が下方向、4 が左方向への移動で、5 を入力で終了です。

```
narito@narito-PC-NS750CAG: ~
1.↑    2.→    3.↓    4.←    5.exit
Y###
 ###
 ###
   G
command? >> 3
1.↑    2.→    3.↓    4.←    5.exit
 ###
Y###
 ###
   G
command? >> 3
1.↑    2.→    3.↓    4.←    5.exit
 ###
 ###
Y###
   G
command? >> 3
1.↑    2.→    3.↓    4.←    5.exit
 ###
 ###
 ###
Y  G
command? >>
```

ゴールに到達すると、「ゴールに到達！」と表示されて終了します。たったこれだけのアプリケーションです。

```
narito@narito-PC-NS750CAG: ~
 ###
 ###
 ###
Y  G
command? >> 2
1.↑    2.→    3.↓    4.←    5.exit
 ###
 ###
 ###
 Y G
command? >> 2
1.↑    2.→    3.↓    4.←    5.exit
 ###
 ###
 ###
  YG
command? >> 2
1.↑    2.→    3.↓    4.←    5.exit
 ###
 ###
 ###
   Y
ゴールに到達！
narito@narito-PC-NS750CAG:~$
```

28.2 プロトタイプを作る

どこから手をつけましょうか。フローチャートなどを書いて情報を整理するのも1つの方法ですが、Python は読みやすい言語です。ちょっとした Python コードがそのままフローチャートの代わりになります。さて、多くのアプリケーションに共通するのは、何らかの入力があり、何らかの出力がされるということです。今回でいえば、まずマップが表示され、1, 2, 3, 4 または 5 を入力しますね。この 2 つの動作をまずコードとして書いていきましょう。

リスト 28.2.1

```
def show():
    pass


def main():
    show()   # 画面を表示する
    command = input()   # 入力を受け付ける


if __name__ == '__main__':
    main()
```

　画面の表示は少し複雑になりそうなので、show 関数として定義しておきました。中身はまだ決めあぐねているので、pass 文を使ってエラーが出ないようにしておきます。迷路アプリケーションで他に分かっていることは、ある終了条件を満たさないと終わらないということです。while ループを使って無限ループにしておきましょう。ついでに、5 が入力されたら処理を終了するようにもします。実行用関数の main という名前が気に入らなければ、run や start にしてもよいでしょう。

リスト 28.2.2（リスト 28.2.1 の main 関数を書き換える）

```
def main():
    while True:
        show()   # 画面を表示する
        command = input()   # 入力を受け付ける
        if command == '5':
            break
```

　input 関数で受け取ったものは、必ず文字列ということに注意しましょう。数値を入力しても、それは文字列になります。とはいえ、'5' というのはあまり直感的ではありません。そこで、'1' や '2' を分かりやすい変数名として定義しておき、それで入力を判断します。モジュールの先頭にでも以下を定義しましょう。

```
UP = '1'
DOWN = '3'
RIGHT = '2'
LEFT = '4'
EXIT = '5'
```

　変数名が大文字です。今回のような変数を「定数」と呼ぶのですが、定数は大文字で定義するのが一般的です。定数を定義したことで、

```
if command == '5'
```

は

```
if command == EXIT:
```

とすることができます。こちらのほうが直感的ですね。

さて、show 関数の中身を簡単に実装しましょう。リスト 28.2.3 です。

リスト 28.2.3（グローバル変数の追加とリスト 28.2.1 の show 関数を書き換える）

```
game_manual = '1.↑\t2.→\t3.↓\t4.←\t5.exit'

game_map = """
Y###
 ###
 ###
   G
"""


def show():
    print(game_manual)  # 操作説明の表示
    print(game_map)  # マップの表示
```

ここまで書いて実行すると、移動はしないが、迷路っぽいものが表示されるようになります。イメージが沸いてきますね。

```
narito@narito-PC-NS750CAG:~$ python3.6 main.py
1.↑     2.→     3.↓     4.←     5.exit

Y###
 ###
 ###
   G
```

show 関数内では、操作方法部分（game_manual 変数）とマップ部分（game_map 変数）を表示しています。game_manual 変数の文字列に、\t とあります。文字列の中には特殊な意味を持つものがあり、\t は水平タブを意味します。半角スペースで文字同士の空白を空けるよりも、綺麗に仕上がります。このような特殊文字をエスケープシーケンスと呼び、他には \n による改行があります。game_map 変数の文字列は、複数行の文字列です。ダブルクォーテーション（またはシングルクォーテーション）3 つで囲むことで、複数行の文字列を作成できます。

今後の流れは、入力された移動先を反映する必要があります。しかし、文字列はイミュータブルなため、ある一部分──「Y」部分を書き換えてのマップ更新──が難しいです。そのため、複数行の文字列ではなく他の方法を取ります。この手の処理でよく使うのは、リスト内にリストを格納した 2 次元のリストです。

リスト 28.2.4（リスト 28.2.3 を書き換え）

```
game_map = [
    ['Y', '#', '#', '#'],
    [' ', '#', '#', '#'],
    [' ', '#', '#', '#'],
    [' ', ' ', ' ', 'G'],
]


def show():
    print(game_manual)   # 操作説明の表示
    # マップの表示
    for line in game_map:
        print(''.join(line))
```

game_map 変数をリストに書き換えたのが、リスト 28.2.4 です。タプルや辞書などもそうですが、複数行に分けて記述することができます。この game_map リストは、game_map[y 座標][x 座標] で要素にアクセスできます。y 座標が先です。1 歩下に進んだならば、game_map[1][0] = 'Y' と代入するだけです。このマップを文字列として整形しているのが、show 関数内の for 文になります。リスト内の各リストが順に取り出され、

```
''.join(['Y', '#', '#', '#'])  ⇒  Y###
''.join([' ', '#', '#', '#'])  ⇒   ###
''.join([' ', '#', '#', '#'])  ⇒   ###
''.join([' ', ' ', ' ', 'G'])  ⇒      G
```

と出力されていきます。簡単なプロトタイプを作成し、移動するための準備も終わりました。次回は移動処理を実装し、完成を目指します。

ここまでのコード全体をリスト 28.2.5 に示します。

リスト 28.2.5

```python
UP = '1'
DOWN = '3'
RIGHT = '2'
LEFT = '4'
EXIT = '5'

game_manual = '1.↑\t2.→\t3.↓\t4.←\t5.exit'

game_map = [
    ['Y', '#', '#', '#'],
    [' ', '#', '#', '#'],
    [' ', '#', '#', '#'],
    [' ', ' ', ' ', 'G'],
]


def show():
    print(game_manual)   # 操作説明の表示
    # マップの表示
    for line in game_map:
        print(''.join(line))


def main():
    while True:
        show()   # 画面を表示する
        command = input()   # 入力を受け付ける
        if command == EXIT:
            break


if __name__ == '__main__':
    main()
```

Step 29 迷路アプリケーション②

プロトタイプの迷路アプリケーションを、今回で完成させます。

要点

29.1 移動処理を実装する

さっそく移動処理の実装に取り掛かりましょう。まず、リスト 29.1.1 のようにコードを書き換えます。

リスト 29.1.1（リスト 28.2.5 の main 関数を書き換え、update 関数を追加）

```python
def update(command):
    pass


def main():
    while True:
        show()   # 画面を表示する
        command = input()   # 入力を受け付ける
        # 終了キーならば終了
        if command == EXIT:
            break
        # 移動キーならば、更新処理
        elif command in (UP, DOWN, RIGHT, LEFT):
            update(command)
```

update 関数が、マップを更新する処理になります。elif command in ... としていますが、ここを else にしてはいけません。ユーザーの入力が、1〜5 までの数値とは限らないためです。1〜5 までの数値入力かどうかを判断したいのですが、in 演算子を使うとエレガントに実装できます。ちょっとしたテクニックとして覚えておいてください。

update 関数内では、ユーザーの入力に対応してあなた（Y）を移動させる必要があります。今のあなたの位置を基準に、上下左右のどれかに移動させる必要があり、結論を話すとあなたの現在位置が必要になります。game_map 変数内のリストから Y を探す方法もありますが、あまり効率がよいとはいえません。ですので、座標を変数として定義しておきましょう。ついでに、ゴール位置も定義しておきます（モジュールのグローバル変数として定義）。

```python
your_pos = [0, 0]   # あなたのy座標、x座標
goal_pos = [3, 3]   # ゴールのy座標、x座標
```

your_y = 0、your_x = 0のように定義する方法も考えられますが、その場合は書き換えるのに global 文の宣言が必要になります。どちらがよい書き方かは好みの問題になりますが、次のステップではこの心配はなくなります。

　移動処理を実装しましょう。難しいことを考えずに実装すると、リスト29.1.2のようになります。

リスト29.1.2（リスト29.1.1のupdate関数を書き換える）

```python
def update(command):
    # 元いた位置に' '(スペース)を入れる
    y, x = your_pos
    game_map[y][x] = ' '

    # 移動先の座標を求める
    if command == UP:
        y -= 1
    elif command == RIGHT:
        x += 1
    elif command == DOWN:
        y += 1
    elif command == LEFT:
        x -= 1

    # 移動先に'Y'を入れる
    game_map[y][x] = 'Y'

    # 現在座標の変数を更新
    your_pos[:] = [y, x]
```

　処理としてはおおむね分かるはずです。まず y, x = your_pos で、Yのy座標とx座標を変数にアンパック代入します。そして、移動するので元いた位置に ' ' を代入します。y, x を基準として、↑方向だったら y を −1、右方向なら … と処理を分岐し、確定した移動先に 'Y' を代入、最後に現在座標を格納するリストを更新します。your_pos[:] = [y, x] という書き方がまだ理解しにくければ、your_pos[0] = y, your_pos[1] = x と読み替えてください。

29.2　座標のチェック処理

　次に必要な処理は、壁や画面上に移動できないようにすることです。要件は、

1. '#' となっている壁には移動できない
2. マップからはみ出ない

の 2 つです。この 2 つをコードに落とし込むと、リスト 29.2.1 のようになります。

リスト 29.2.1（リスト 29.1.2 を書き換える）

```python
    # 現在のYの座標
    y, x = your_pos

    # 移動先の座標を求める
    if command == UP:
        y -= 1
    elif command == RIGHT:
        x += 1
    elif command == DOWN:
        y += 1
    elif command == LEFT:
        x -= 1

    # 画面外でなく、壁('#')でもない場合に移動処理をする
    if 0 <= x <= 3 and 0 <= y <= 3 and game_map[y][x] != '#':
        # 元いた位置に' 'を入れる
        old_y, old_x = your_pos
        game_map[old_y][old_x] = ' '

        # 移動先に'Y'を入れる
        game_map[y][x] = 'Y'

        # 現在座標の変数を更新
        your_pos[:] = [y, x]
```

game_map の y 座標は 0 から 3、x 座標も同様に 0 から 3 までの値を取ります（0 <= x <= 3 and 0 <= y <= 3）。そして、移動先が '#' でない場合（game_map[y][x] != '#'）だけ、元いた位置に ' ' を入れて、移動先に 'Y' を入れ、現在座標のリストを更新しています。

3 という数が気になるかもしれません。パッと見て何を意味するか分かりづらいですし、マップの長さが変わるたびに修正が必要になります。モジュールのグローバル変数として定義しておきましょう（リスト 29.2.2）。

リスト 29.2.2

```python
# マップの幅、つまり['Y', '#', '#', '#']の長さ。[0]を取り出しているが
# [1]でも[2]でもダメって訳ではない。(どの行も幅は同じなため)
width = len(game_map[0]) - 1

# マップの高さ
height = len(game_map) - 1
...
...
    if 0 <= x <= width and 0 <= y <= height and game_map[y][x] != '#':
```

ここまでできれば、ほとんど終わりです。最後に、ゴールに到達した場合のメッセージを表示するようにしましょう。

リスト 29.2.3（リスト 29.1.1 の main 関数を書き換える）

```
def main():
    while True:
        show()   # 画面を表示する
        command = input()   # 入力を受け付ける
        # 終了キーならば終了
        if command == EXIT:
            break
        # 移動キーならば、更新処理
        if command in (UP, DOWN, RIGHT, LEFT):
            update(command)
            # ゴールに到達していれば、終わり！
            if your_pos == goal_pos:
                print('ゴールに到達！')
                break
```

ここまでのコード全体をリスト 29.2.3 に示します。

リスト 29.2.4

```
UP = '1'
DOWN = '3'
RIGHT = '2'
LEFT = '4'
EXIT = '5'

game_manual = '1.↑\t2.→\t3.↓\t4.←\t5.exit'

game_map = [
    ['Y', '#', '#', '#'],
    [' ', '#', '#', '#'],
    [' ', '#', '#', '#'],
    [' ', ' ', ' ', 'G'],
]

# マップの幅、つまり['Y', '#', '#', '#']の長さ。[0]を取り出しているが
# [1]でも[2]でもダメって訳ではない。（どの行も幅は同じなため）
width = len(game_map[0]) - 1

# マップの高さ
height = len(game_map) - 1

your_pos = [0, 0]   # あなたのy座標，x座標
goal_pos = [3, 3]   # ゴールのy座標，x座標
```

```python
def show():
    print(game_manual)   # 操作説明の表示
    # マップの表示
    for line in game_map:
        print(''.join(line))


def update(command):
    # 元いた位置に' '(スペース)を入れる
    # 現在のYの座標
    y, x = your_pos

    # 移動先の座標を求める
    if command == UP:
        y -= 1
    elif command == RIGHT:
        x += 1
    elif command == DOWN:
        y += 1
    elif command == LEFT:
        x -= 1

    # 画面外でなく、壁('#')でもない場合に移動処理をする
    if 0 <= x <= width and 0 <= y <= height and game_map[y][x] != '#':
        # 元いた位置に' 'を入れる
        old_y, old_x = your_pos
        game_map[old_y][old_x] = ' '

        # 移動先に'Y'を入れる
        game_map[y][x] = 'Y'

        # 現在座標の変数を更新
        your_pos[:] = [y, x]


def main():
    while True:
        show()   # 画面を表示する
        command = input()   # 入力を受け付ける
        # 終了キーならば終了
        if command == EXIT:
            break
        # 移動キーならば、更新処理
        if command in (UP, DOWN, RIGHT, LEFT):
            update(command)
            # ゴールに到達していれば、終わり！
            if your_pos == goal_pos:
```

```
                    print('ゴールに到達!')
                    break

if __name__ == '__main__':
    main()
```

迷路アプリケーション③

一度作ったプログラムを改良することを、リファクタリングと呼びます。迷路アプリケーションを、クラスを使ってリファクタリングします。

要点

30.1 クラスを使う

迷路アプリケーションは問題なく動くようになりました。ここから、クラスを利用して書き直していきます。Python はクラスを定義しなくてもプログラミングは可能ですが、クラスを使うことで保守や再利用、拡張性に富んだプログラムになります。

では、今回作ったアプリケーションをどのように変更していきましょうか。具体的には、どこをクラスにしましょうか。これはなかなかに難しい問題です。パッケージやモジュール、関数にもいえることですが、プログラムをどういう粒度で扱うか、どこまで抽象化するか、どのようにまとめるか……　プログラムの規模や将来どういったものにしたいか、ということも影響します。ですので、今回は難しいことはあまりせず、極力シンプルにしていきます。本書を読み終わった後、興味があればぜひ改良してみてください。

リスト 30.1.1

```python
class Maze:
    pass


def main():
    maze = Maze()
    maze.run()   # 迷路ゲーム開始


if __name__ == '__main__':
    main()
```

リスト 30.1.1 が、迷路アプリケーション（クラス Ver）の出発点です。次に、UP や DOWN などを Maze クラスの属性として定義していきましょう。

リスト 30.1.2

```python
class Maze:
    UP = '1'
    RIGHT = '2'
    DOWN = '3'
    LEFT = '4'
```

```
        EXIT = '5'
```

　これによって、Maze クラスを継承し新しい迷路クラスを作成しても、UP や DOWN に対応する文字を自由に上書きできます。インスタンスの属性も定義しましょう。__init__ メソッドを作ります。

リスト 30.1.3

```
        def __init__(self):
            self.game_map = [
                ['Y', '#', '#', '#'],
                [' ', '#', '#', '#'],
                [' ', '#', '#', '#'],
                [' ', ' ', ' ', 'G'],
            ]
            self.game_manual = '1.↑\t2.→\t3.↓\t4.←\t5.exit'
            self.y = 0
            self.x = 0
            self.goal_y = 3
            self.goal_x = 3
            self.width = len(self.game_map[0]) - 1
            self.height = len(self.game_map) - 1
```

　これらをインスタンスの属性にしたことで、将来的に 2 つの迷路を同時に遊ぶ（2 つインスタンス化）しても、現在のマップや座標が別々に管理されます。もしクラス属性にしてしまうと、インスタンスすべてで共有されてしまうため問題になるのです。マップをランダムに作成できるようにすると、さらに楽しくなりそうですね。

　以前に main 関数内で行っていたゲームのメインループ部分は、run メソッドにそのまま書きます。クラスを利用するので、self がいくつかつきます。

リスト 30.1.4

```
        def run(self):
            while True:
                self.show()    # 画面を表示する
                command = input()    # 入力を受け付ける
                # 終了キーならば終了
                if command == self.EXIT:
                    break
                # 移動キーならば、更新処理
                if command in (self.UP, self.DOWN, self.RIGHT, self.LEFT):
                    self.update(command)
                    # ゴールに到達していれば、終わり！
                    if self.y == self.goal_y and self.x == self.goal_x:
                        print('ゴールに到達！')
                        break
```

次に表示部分の show メソッドです。以前の show 関数とほとんど同じです。

リスト 30.1.5

```python
    def show(self):
        # 操作説明の表示
        print(self.game_manual)
        # マップの表示
        for line in self.game_map:
            print(''.join(line))
```

最後は update メソッドです。以前の update メソッドとほぼ同じです。

リスト 30.1.6

```python
    def update(self, command):
        y, x = self.y, self.x
        if command == self.UP:
            y -= 1
        elif command == self.RIGHT:
            x += 1
        elif command == self.DOWN:
            y += 1
        elif command == self.LEFT:
            x -= 1

        # 画面外でなく、壁('#')でもない場合に移動処理をする
        if 0 <= x <= self.width and 0 <= y <= self.height and \
                self.game_map[y][x] != '#':
            self.game_map[self.y][self.x] = ' '  # 元いた位置に' 'を入れる
            self.game_map[y][x] = 'Y'   # 移動先に'Y'を入れる
            self.y, self.x = y, x   # 現在座標の更新
```

クラスを使うことで、継承によるカスタマイズが容易になりました。ゴール以外に敵を●などで表現し、ぶつかったら戦闘させる、といったこともできそうですし、セーブデータを pickle モジュールや shelve モジュールを使って管理することもできそうです。今のところは 50 行をちょっと超える程度のプログラムですが、改良の余地はたくさんあります。友人と一緒に改良案を考えてみるのも面白いかもしれません。

ここまでのコード全体をリスト 30.1.7 に示します。

リスト30.1.7

```python
class Maze:
    UP = '1'
    RIGHT = '2'
    DOWN = '3'
    LEFT = '4'
    EXIT = '5'

    def __init__(self):
        self.game_map = [
            ['Y', '#', '#', '#'],
            [' ', '#', '#', '#'],
            [' ', '#', '#', '#'],
            [' ', ' ', ' ', 'G'],
        ]
        self.game_manual = '1.↑\t2.→\t3.↓\t4.←\t5.exit'
        self.y = 0
        self.x = 0
        self.goal_y = 3
        self.goal_x = 3
        self.width = len(self.game_map[0]) - 1
        self.height = len(self.game_map) - 1

    def show(self):
        # 操作説明の表示
        print(self.game_manual)
        # マップの表示
        for line in self.game_map:
            print(''.join(line))

    def update(self, command):
        y, x = self.y, self.x
        if command == self.UP:
            y -= 1
        elif command == self.RIGHT:
            x += 1
        elif command == self.DOWN:
            y += 1
        elif command == self.LEFT:
            x -= 1

        # 画面外でなく、壁('#')でもない場合に移動処理をする
        if 0 <= x <= self.width and 0 <= y <= self.height and \
                self.game_map[y][x] != '#':
            self.game_map[self.y][self.x] = ' '   # 元いた位置に' 'を入れる
            self.game_map[y][x] = 'Y'   # 移動先に'Y'を入れる
            self.y, self.x = y, x   # 現在座標の更新
```

```python
    def run(self):
        while True:
            self.show()   # 画面を表示する
            command = input()   # 入力を受け付ける
            # 終了キーならば終了
            if command == self.EXIT:
                break
            # 移動キーならば、更新処理
            if command in (self.UP, self.DOWN, self.RIGHT, self.LEFT):
                self.update(command)
                # ゴールに到達していれば、終わり！
                if self.y == self.goal_y and self.x == self.goal_x:
                    print('ゴールに到達！')
                    break


def main():
    maze = Maze()
    maze.run()   # 迷路ゲーム開始


if __name__ == '__main__':
    main()
```

付録A Pythonのインストール

A.1 Windows

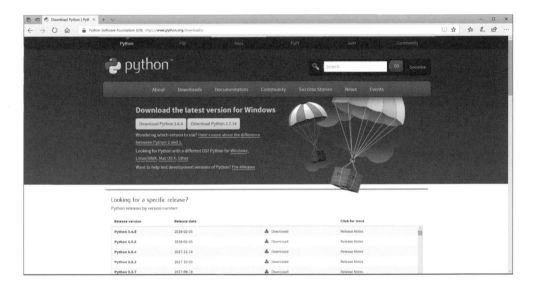

以下のURLへアクセスし、真ん中上部にある黄色い「Download Python 3.6.4」ボタンをクリックします。

https://python.org/downloads/

Edgeブラウザの場合は、下部にメニューが表示され「実行」「保存」が選択できますので、「実行」をクリックします。他ブラウザでは、ダウンロード後のファイルを実行することでインストールが開始されます。

インストーラーが起動し、「Install Now」をクリックすれば自動的にインストールされます。現在の Python には便利な機能がついており、以前は必要だった「パスの追加」作業は必須ではなくなりました。

A.2　Mac

現在は、macOS 用パッケージマネージャーである、「Homebrew」によってインストールする方法が簡単です。

https://brew.sh/index_ja

ターミナルにて、以下のように入力すると Homebrew がインストールされます（長いので、上記サイトから直接コピーすることをオススメします）。

/usr/bin/ruby -e "$(curl -fsSL https://raw.githubusercontent.com/Homebrew/install/master/install)"

その後、ターミナルで以下のコマンドを入力することで、Python がインストールされます（2018 年 4 月 6 日現在、Python のバージョン 3.6.5）。

```
$ brew install python
```

付録B 対話モードで実行する

B.1 対話モードに入る

対話モードに入るには、まずコマンドプロンプト（Windows）、パワーシェル（Windows 10 など）、ターミナル（Mac）といったアプリケーションを開きます。Windows では py、Mac・Linux の場合 python3.6 と入力しエンターキーを押します。Mac・Linux では元々 Python が入っているのですが、ほとんどは Python 2.7 という古いバージョンです。python だとその古い Python が起動してしまうので、忘れずに python3.6 のように入力してください。Windows でも python が使えますが、今は py コマンドでの起動の方が便利です。入社した企業やプロジェクトなどの環境によっては、自分が使い慣れた OS が使えないこともあります。他 OS での実行方法も頭に入れておくとよいでしょう。

B.2 他のバージョンの Python を使う

付録 A では Python 3.6 をインストールしましたが、もし他のバージョンの Python をインストールしており、そちらを使いたいという場合もあるはずです。Windows で他のバージョンの Python を入れている場合は py -3.5 のようにバージョンの指定ができます。Mac・Linux では python3.5 とします。

B.3 対話モードを試す

無事に対話モードに入ったならば、以下の画面が表示されます。

```
narito@narito-PC-NS750CAG:~$ python3.6
Python 3.6.3 (default, Nov 13 2017, 20:07:45)
[GCC 6.3.0 20170406] on linux
Type "help", "copyright", "credits" or "license" for more information.
>>> 1 + 1
2
```

>>> は一時プロンプトと呼び、実行したい式を書きます（1 + 1）。

エンターキーを押すとその式が評価され、結果を伴う場合はその結果が表示されます（2）。

対話モードから抜けるには exit()、または Windows では「Ctrl+Z」後にエンターキーを、Mac・Linux では「Ctrl+D」で終了できます。

Pythonスクリプトの実行

C.1 Pythonスクリプトの実行方法

対話モードは便利でしたが、いくつかの問題があります。例えば、複数行のプログラムの作成が少し面倒です。また、一度書いたプログラムを保存しておく、といった機能もありません。実際のところ、対話モードはちょっとしたプログラムを試したいときにだけ使い、普段はファイルにプログラムを書いて実行するのが一般的です。

対話モードを立ち上げるには、Windowsの場合はpy、Mac・Linuxの場合は`python3.6`と入力しエンターキーを押していました。ファイルに書いたPythonプログラム（今後はPythonスクリプトと呼びます）を実行するのは簡単で、「py main.py」や「`python3.6 main.py`」のように半角スペースで区切り、ファイル名（ファイルパス）を後ろにつけるだけです。

エディタやIDEによっては、ツールにPythonスクリプトの実行機能が付属していることもあり、その場合はボタン1つで実行可能です。

C.2 エディタ・IDEの紹介

Pythonスクリプトを作成するにあたって、プログラムを書くためのツールとなるエディタ選びは重要です。例えばプログラムの補完機能であったり、構文上意味を持つ単語に色をつけてくれたり、よいエディタを使えばコーディング作業がはかどります。IDEというのは「統合開発環境」というもので、コーディングはもちろんのこと、デバッグをはじめ便利な機能が付属しているツールです。エディタ・IDEをいくつか紹介しましょう。

■ エディタ

- サクラエディタ

    Windows専用の非常にシンプルなエディタ。導入も簡単で、エディタとして最低限の機能（UTF-8を扱える、タブ・スペースの違いを分かりやすく表示）などを持ちつつ、余分な機能がないため、IT企業の新人研修などで使わせるケースも多いです。

- Sublime Text

    様々な言語に対応した高機能なエディタ。プラグインが豊富で、様々な機能を加えたり取り外すことができます。

- Visual Studio Code

    今最も勢いのあるエディタ。Windows・Mac両方で軽快に動作し、豊富なプラグインがあり、初期設定でも便利な機能が沢山あります。

- CotEditor

    Macで使える、汎用的で高機能なエディタ

サクラエディタ、Sublime Text、Brackets、Visual Studio Code、CodeEditor のうちのどれを選ぶかは、好みの問題です。

■ IDE

- **IDLE**
  Python に標準で付属しているため、導入に失敗するケースがほとんどないのが魅力。まずこれを試すのがお勧めです。

- **PyCharm**
  Python の IDE のなかでは最も人気で、Python での本格的な開発に必要な機能が揃っています。IDE 全般にいえることですが、PC スペックによっては動作が厳しいようです。コミュニティエディションという無償版があります。

他にもたくさんのエディタ・IDE があります。「Python エディタ」といったキーワードで、Google 検索を活用して探してみるのも面白いでしょう。

C.3　IDLE の開き方と使い方

■ IDLE の開き方：Windows

「スタート」メニュー横の検索欄に「IDLE」と入力すると見つかりますので、クリックします。

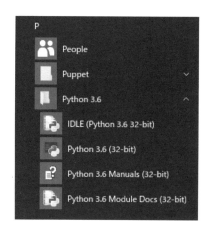

　または、「スタート」メニュー内の一覧にて「P」の項目にある「Python 3.6」をクリックし、中にある「IDLE」をクリックします。

■ IDLE の開き方：Mac

　ターミナルを開き、以下のコマンドを入力すると IDLE が立ち上がります。

```
$ idle3
```

■ IDLE の使い方

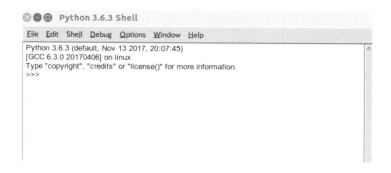

　IDLE を開くと、最初に開かれた画面は対話モードと同様に使えます。

　Ctrl+N、もしくは「File」→「New File」で新しいファイルが開き、こちらに Python プログラムを自由に記述できます。

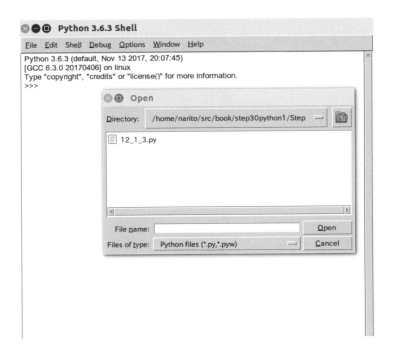

　ファイルを開く場合は、「File」→「Open」または Ctrl+O とします。試しに、ダウンロードしたサンプルプログラム（12_1_3.py）を開いてみましょう。

　ファイル選択ダイアログが出るので、サンプルプログラム（12_1_3.py）を選択します。

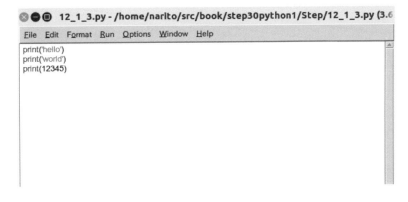

　開くと、エディタに 12_1_3.py の内容が表示されます。

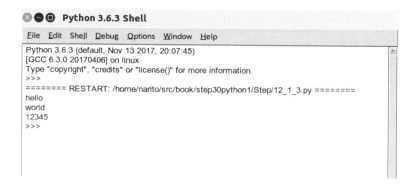

F5 キーか、「Run」→「Run モジュール」でプログラムが実行できます。すると、もう１つの画面に実行結果が表示されます。

プログラムでユーザー入力を受け付ける場合も、こちらから入力します。

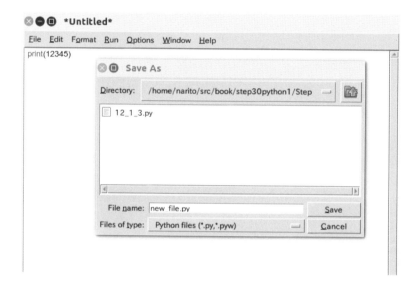

「File」→「Save」、または Ctrl+S で保存ができます。ファイルを開いた場合は上書き保存として、新しいファイルだった場合は上のような画面が表示され、保存場所を選択できます。

索引

[記号・数字]

!=	48
"	16
#	56
%	9
%=	14
&	40
'	16
( )	31, 68
*	9, 17, 74
**	9, 74
**=	14
**kwargs	74
*=	14
*args	74
+	9, 17
+=	14
-	9, 40
-=	14
/	9
//	9
//=	14
/=	14
<	48
<=	48
=	13
==	48
>	48
>=	48
[ ]	24
^	41
__init__.py	101
__init__ メソッド	83
{ }	35, 39
|	40
0 で割る	9

[A]

add メソッド	39
and	50
append メソッド	24, 25

[B]

bool 型	42
break 文	56, 66

[C]

class 文	87
clear メソッド	25, 36
close メソッド	104
copy メソッド	25, 29, 36, 49
count メソッド	20, 25
cp932	109
CUI アプリケーション	116

[D]

def 文	67
del 文	36
dict 関数	35
difference メソッド	40

[E]

elif 文	45
else 文	45, 56, 66, 111
endswith メソッド	21
enumarate 関数	61
except 文	110
extend メソッド	25

[F]

False	42, 51
finally 文	111
find メソッド	20
float 型	16
float 関数	18
format メソッド	20
for 文	53
fromkeys メソッド	36

[G]

get メソッド	36
gloabal 文	78

[I]

I/O	104
if 文	44
import 文	96, 113
in	48
index メソッド	20, 25
input 関数	44

insert メソッド	25
intersection メソッド	40
int 型	16
int 関数	18
is	48
is not	48
items メソッド	53

[J]

| join メソッド | 21 |

[K]

| keyword モジュール | 13 |

[L]

| len 関数 | 18, 26 |
| list 関数 | 59 |

[M]

| max 関数 | 26 |
| min 関数 | 26 |

[N]

None	42
NoneType 型	42
not	50

[O]

| open 関数 | 104 |
| or | 50 |

[P]

pass 文	82
pickle ライブラリ	113
popitem メソッド	36
pop メソッド	24, 26, 36
print 関数	44

[R]

range 関数	58
remove メソッド	26, 39
replace メソッド	20
return 文	70

[S]

| self | 83 |

setdefault メソッド	37
sorted 関数	26
sort メソッド	26
split メソッド	21
startswitch メソッド	21, 42, 44
strip メソッド	21
str 型	16
str 関数	18
sum 関数	26
super 関数	89
symmtric_difference メソッド	41

[T]

title メソッド	20
True	42
try 文	110

[U]

UnicodeDecodeError	109
union メソッド	40
update メソッド	37
upper メソッド	20
utf-8	109

[V]

| values メソッド | 53 |

[W]

while 文	64
with 文	104
write メソッド	104

[Z]

| ZeroDivisionError | 9 |
| zip 関数 | 61 |

[あ]

アンパック代入	32
位置引数	73
イテラブル	53
イミュータブル	28, 42
インスタンス	83, 92
インスタンスの属性	93
インデクシング	21
インデント	45
エスケープシーケンス	120
エンコーディング	105
演算の優先順位	10

オーバーライド	88		定数	118
親クラス	88		デフォルト値	72
			デフォルト引数	72
			特殊メソッド	83

[か]

返り値	69
掛け算	9
型	82
可変長位置引数	73
可変長キーワード引数	74
仮引数	68
関数	67
キーワード専用引数	75
キーワード引数	69
空文字	17
組み込み型	16
クラス	82, 127
クラスの属性	92, 94
繰り返し	53, 64
グローバル変数	77
継承	87
子クラス	88
コメント	56

[さ]

サードパーティ製ライブラリ	114
差集合	40
サブクラス	88
シーケンス型	21, 24, 31, 42
字下げ	45
辞書	35
指数	9
四則演算	9
実引数	68
集合	39
条件分岐	44
剰余	9
シリアライズ	113
スーパークラス	88
スコープ	78
スライシング	22
整数	16
積集合	40
属性	92

[た]

代入	13
足し算	9
タプル	31
短縮した演算子	14
直列化	113

[な]

入出力	104

[は]

パイソニスタ	60
排他的論理和	41
パッケージ	100
比較演算子	48
引き算	9
引数	68
標準ライブラリ	113
ファイルの書き込み	104
ファイルの読み込み	105
ブール演算	49
浮動小数点数	16
プロトタイプ	117
変数	12

[ま]

ミュータブル	28, 42, 79
迷路アプリケーション	116, 122, 127
メソッド	83
モジュール	96
文字列	16, 20
戻り値	70

[や]

予約語	12

[ら]

ライブラリ	113
リスト	24, 28
例外	109
ローカル変数	77

[わ]

和集合	40
割り算	9

■ 著者プロフィール
滝澤 成人（タキザワ・ナリト）
1990 年生まれ。高校卒業後フリーターとして働きはじめ、Excel を使った事務作業で VBA と出会う。
そしてプログラマーになることを決意し、職業訓練を経て IT 企業へ就職。独立後はフリーランスのエンジニアとして活動する。
Java の Web エンジニアとして入社したが、趣味での開発の際にもっと手軽に使える言語はないかと探し、Python を見つける。その後は仕事でも Python をメインに。

■ 監修者プロフィール
酒井 雅裕（サカイ・マサヒロ）
1962 年生まれ。北海道情報大学　医療情報学部准教授。
専門分野はメディアテクノロジの異分野応用。認知行動応用アプリケーションの開発。VR、CG、機械学習、モバイルコンピューティングなどを専門とする。
カットシステムでは「実践 OpenCV2.4」、「OSX と iOS のための OpenCV 環境構築ガイド」、「超初心者のための真空管アンプ制作入門」を出版している。

ご質問がある場合は・・・

本書の内容についてご質問がある場合は、本書の書名ならびに掲載箇所のページ番号を明記の上、FAX・郵送・E メールなどの書面にてお送りください（宛先は下記を参照）。電話でのご質問はお断りいたします。また、本書の内容を超えるご質問に関しては、回答を控えさせていただく場合があります。

情報演習㉝　ステップ30
Python［基礎編］ワークブック

2018 年 5 月 10 日　初版第 1 刷発行
2023 年 3 月 25 日　　　　第 2 刷発行

著　者	滝澤 成人	
監修者	酒井 雅裕	
発行人	石塚 勝敏	
発　行	株式会社 カットシステム	
	〒169-0073 東京都新宿区百人町4-9-7　新宿ユーエストビル 8F	
	TEL　（03）5348-3850　　　FAX　（03）5348-3851	
	URL　http://www.cutt.co.jp/	
	振替　00130-6-17174	
印　刷	シナノ書籍印刷 株式会社	

本書の内容の一部あるいは全部を無断で複写複製（コピー・電子入力）することは、法律で認められた場合を除き、著作者および出版者の権利の侵害になりますので、その場合はあらかじめ小社あてに許諾をお求めください。

ご意見等ありましたら、sales@cutt.jp 宛に e-mail でお送りください。

Cover design Y.Yamaguchi　　　　　　　　Copyright ©2018　滝澤成人
Printed in Japan　ISBN 978-4-87783-837-9

30ステップで基礎から実践へ！

● ステップバイステップ方式で確実な学習効果!!

留学生向けのルビ付きテキスト（漢字にルビをふってあります）

情報演習 C ステップ 30　（Windows 10 版）
留学生のためのタイピング練習ワークブック
ISBN978-4-87783-800-3／定価 880円 税10%

情報演習 49 ステップ 30
留学生のための Word 2019 ワークブック
ISBN978-4-87783-789-1／定価 990円 税10%　本文カラー

情報演習 50 ステップ 30
留学生のための Excel 2019 ワークブック
ISBN978-4-87783-790-7／定価 990円 税10%　本文カラー

情報演習 51 ステップ 30
留学生のための PowerPoint 2019 ワークブック
ISBN978-4-87783-791-4／定価 990円 税10%　本文カラー

情報演習 69 ステップ 30
留学生のための Word 2021 ワークブック
ISBN978-4-87783-855-3／定価 990円 税10%　本文カラー

情報演習 70 ステップ 30
留学生のための Excel 2021 ワークブック
ISBN978-4-87783-856-0／定価 990円 税10%　本文カラー

情報演習 71 ステップ 30
留学生のための PowerPoint 2021 ワークブック
ISBN978-4-87783-857-7／定価 990円 税10%　本文カラー

情報演習 47 ステップ 30
留学生のための HTML5 & CSS3 ワークブック
ISBN978-4-87783-808-9／定価 990円 税10%

情報演習 48 ステップ 30
留学生のための JavaScript ワークブック
ISBN978-4-87783-807-2／定価 990円 税10%

情報演習 43 ステップ 30
留学生のための Python [基礎編] ワークブック
ISBN978-4-87783-806-5／定価 990円 税10%／A4判

留学生向けドリル形式のテキストシリーズ

情報演習 52
留学生のための Word 2019 ドリルブック
ISBN978-4-87783-792-1／定価 990円 税10%　本文カラー

情報演習 53
留学生のための Excel 2019 ドリルブック
ISBN978-4-87783-793-8／定価 990円 税10%　本文カラー

情報演習 54
留学生のための PowerPoint 2019 ドリルブック
ISBN978-4-87783-794-5／定価 990円 税10%　本文カラー

ビジネス演習ワークブック

ビジネス演習 2
留学生のための簿記初級ワークブック
ISBN978-4-87783-702-0／定価 990円 税10%

タッチタイピングを身につける

情報演習 B ステップ 30
タイピング練習ワークブック Windows 10 版
ISBN978-4-87783-838-6／本体 880円 税10%

Office のバージョンに合わせて選べる

情報演習 55 ステップ 30
Word 2019 ワークブック　本文カラー
ISBN978-4-87783-842-3／定価 990円 税10%

情報演習 56 ステップ 30
Excel 2019 ワークブック　本文カラー
ISBN978-4-87783-843-0／定価 990円 税10%

情報演習 57 ステップ 30
PowerPoint 2019 ワークブック　本文カラー
ISBN978-4-87783-844-7／定価 990円 税10%

情報演習 63 ステップ 30
Word 2021 ワークブック　本文カラー
ISBN978-4-87783-849-2／定価 990円 税10%

情報演習 64 ステップ 30
Excel 2021 ワークブック　本文カラー
ISBN978-4-87783-850-8／定価 990円 税10%

情報演習 65 ステップ 30
PowerPoint 2021 ワークブック　本文カラー
ISBN978-4-87783-851-5／定価 990円 税10%

Photoshop を基礎から学習

情報演習 30 ステップ 30
Photoshop CS6 ワークブック　本文カラー
ISBN978-4-87783-831-7／定価 1,100円 税10%

ホームページ制作を基礎から学習

情報演習 35 ステップ 30
HTML5 & CSS3 ワークブック [第 2 版]
ISBN978-4-87783-840-9／定価 990円 税10%

情報演習 36 ステップ 30
JavaScript ワークブック [第 3 版]
ISBN978-4-87783-841-6／定価 990円 税10%

コンピュータ言語を基礎から学習

情報演習 31 ステップ 30
Excel VBA ワークブック
ISBN978-4-87783-835-5／定価 990円 税10%

情報演習 6 ステップ 30
C 言語ワークブック
ISBN978-4-87783-820-1／本体 880円 税10%

情報演習 7 ステップ 30
C++ ワークブック
ISBN978-4-87783-822-5／本体 880円 税10%

情報演習 33 ステップ 30
Python [基礎編] ワークブック
ISBN978-4-87783-837-9／定価 990円 税10%

ビジネス演習ワークブック

ビジネス演習 1
簿記初級ワークブック
ISBN978-4-87783-701-3／定価 990円 税10%

この他のワークブック、内容見本などもございます。
詳細はホームページをご覧ください

https://www.cutt.co.jp/

キーボード　Pythonで使う記号 ②

	キー	記号	呼び方	どんなときに使われるか
よく使う！ ⑱	Shift + <, ね	<	小なり	条件式「より小さい」 a < 1
よく使う！ ⑲	Shift + >, る	>	大なり	条件式「より大きい」 a > 1
⑳	Shift + ?/め	?	クエスチョンマーク、はてな、疑問符	※使用しない
㉑	Shift + \ ろ	_	アンダースコア、アンダーバー	変数名や文字列に使う input_name
よく使う！ A	= ほ	−	マイナス、引く	引き算 a - 1
B	~ ^	^	ハット、ヤマ、山形	ビット単位演算子　排他的論理和 本書では使わず
C	| ー	¥	円、円記号、円マーク	拡張表記（エスケープシーケンス）に使う ¥n、¥t
D	@ `	@	アットマーク	デコレータ（本書では使わず） @decorator
よく使う！ E	{ [	[	左大カッコ、大カッコ	リストの作成 ['taro', 'jiro', 'saburo']

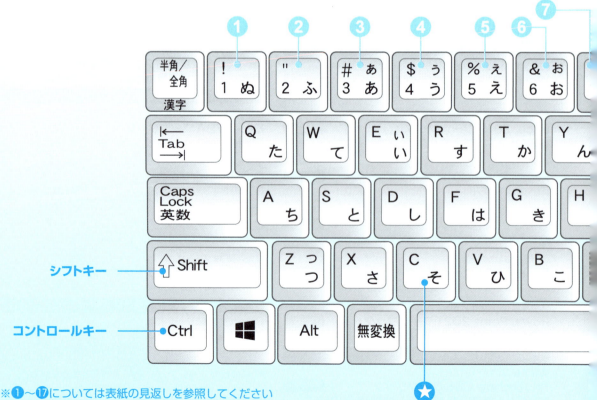

シフトキー
コントロールキー

※❶〜⓱については表紙の見返しを参照してください

	キー	記号	呼び方	どんなときに使われるか
F	`+ ; れ`	;	セミコロン	※使用しない
よく使う! G	`* : け`	:	コロン	関数定義、クラス定義、if、for、while文などの文末記号 while True:
よく使う! H	`} ] む`	]	右大カッコ、大カッコ閉じ	E に同じ
よく使う! I	`< 、 , ね`	,	カンマ、コンマ	複数データの区切り文字 [1, 2, 3]、{1, 2, 3}
よく使う! J	`> 。 . る`	.	ピリオド	小数点、属性、メソッド呼び出し 1.0、obj.name
よく使う! K	`? ・ / め`	/	スラッシュ	割り算 10 / 2、10 // 2
L	`\ ろ`	\	バックスラッシュ	行の折り返し 本書では使わず
★	`Ctrl` + `C そ`		コントロールC	プログラムの実行を中断する
	`Ctrl` + `D し` → `Enter`		コントロールD → エンター	Mac・Linuxでの対話モード終了
	`Ctrl` + `Z つ` → `Enter`		コントロールZ→ エンター	Windowsでの対話モード終了